Bede Griffiths

Matrimonio entre Oriente y Occidente

Hacia la plenitud del alma

The Marriage of East and West, Bede Griffiths
© Templegate Publishers
302 East Adams Street
Springfield, Illinois, 62701

> Griffiths, Bede
>   Matrimonio entre oriente y occidente - 2ª ed. - Buenos Aires : Bonum, 2014.
>   192 p. ; 22x15 cm.
>
>   ISBN 950-507-946-9
>
>   1. Espiritualidad. 2. Autoayuda. I. Título
>   CDD 291.4 : 158.1

Traducción: Magdalena Puebla
Corrección: Ignacio Lo Russo
Diagramación: Panorama
Diseño de tapa: DONAGH | MATULICH

© Editorial Bonum, 2014.
Av. Corrientes 6687 (C1427BPE)
Buenos Aires - Argentina
Tel./Fax: (5411) 4554-1414
ventas@editorialbonum.com.ar
www.editorialbonum.com.ar

Queda hecho el depósito que indica la Ley 11.723
Todos los derechos reservados

No se permite la reproducción parcial o total, el almacenamiento, el alquiler, la transmisión o la transformación de este libro, en cualquier forma o en cualquier medio, sea electrónico o mecánico, mediante fotocopias, digitalización u otros métodos, sin el permiso previo y escrito del editor. Su infracción está penada por las Leyes 11.723 y 25.446.

Impreso en Argentina
Es industria argentina

Capítulo I
El descubrimiento de la India

Cuando escribí *El Hilo Dorado*, en el que relato la historia de mi búsqueda de Dios –circunstancia que me llevó a mi conversión al catolisismo y posteriormente a un monasterio benedictino–, pensé que había llegado al final de mi camino, por lo menos en lo que se refiere a este mundo. Sin embargo, en realidad, mientras escribía este primer libro, estaba por comenzar una nueva etapa en mi vida, que traería cambios mucho más profundos de los que había tenido hasta ese momento. Primero fui conducido hacia el descubrimiento de Dios, lo que luego me llevó al descubrimiento de Cristo y finalmente de la Iglesia. Y luego, era conducido –de una manera un tanto extraña– a desandar el camino que había tomado, para descubrir cosas nuevas sobre Dios, Cristo y la Iglesia. Era como si yo hubiera estado escalando una montaña y, habiendo llegado a la cima, vislumbrara mas allá, nuevas cadenas montañosas con nuevas cimas, que abrían para mí un nuevo horizonte. Este momento me llegó cuando conocí a un monje benedictino indio, quien estaba planeando la creación una fundación monástica en la India. Yo había estado estudiando la Vedanta durante años y había tomado conciencia de su significado e importancia para la Iglesia y para el mundo. Ahora se me daba la oportunidad de llegar a la fuente de esta tradición: vivir en la India y descubrir el secreto de su sabiduría. No fue solamente mi necesidad de nuevas ideas lo que me llevó allí, sino el deseo de una nueva forma de vida. Recuerdo haberle escrito a un amigo en esa época: "Necesito descubrir la otra mitad de mi alma." Había comenzado a sentir que algo estaba faltando, no solamente en el mundo Occidental, sino también en la Iglesia Occidental. Vivíamos sólo con una mitad de nuestra alma –del nivel consciente y racional– y necesitábamos descubrir la otra mitad: la dimensión intuitiva e inconsciente. Yo quería experimentar en mi vida la unidad de estas dos dimensiones de la existencia humana: lo racional e intuitivo, lo consciente e inconsciente, lo masculino y lo femenino. Quería encontrar el camino para el matrimonio entre Oriente y Occidente.

No obstante, mi primer encuentro con esa cultura oriental comenzó aun antes de llegar a la India. Recuerdo que viajé en barco y que llegamos a Port Said y Aden. Estaba fascinado con el magnífico espectáculo que este mundo de infinita belleza y vitalidad me ofrecía. No era la belleza natural lo que me impactaba esta vez, sino la belleza de la naturaleza humana; lo que Blake llamó "lo humano de lo divino". Sucedió lo mismo cuando llegué a Bombay. No fue la pobreza y la miseria que vi lo que me movilizó sino la transparente belleza y vitalidad de su gente. Por todas partes había multitudes de gente; chicos desnudos corriendo por ahí, mujeres con sus saris, hombres con turbantes; por todos lados se percibía un despliegue de la belleza de la forma humana. Había una gracia especial en todos sus movimientos y sentí que en ese momento estaba en presencia de unos poderes ocultos de la naturaleza. Traté de explicármelo diciendo que esta gente estaba viviendo "de su inconsciente". La gente en Occidente está dominada por su mente consciente; van y vienen encerrados en sus propios asuntos y en su propio ego. Hay como una clase de determinación establecida en sus mentes, que hace que sus movimientos y gestos sean rígidos y torpes y que usen las mismas vestimentas monótonas. Por el contrario, la gente en Oriente no vive de la mente consciente sino del inconsciente, vive del cuerpo y no de la mente. El resultado directo de esto se visualiza en la belleza natural espontánea de las flores y de los animales y la variedad y el colorido de sus vestimentas.

Hay algo que, después de todos estos años en la India, permanece en lo más profundo de mi espíritu. Lo puedo ejemplificar hoy a partir de una típica escena en una plataforma en una estación de trenes; todo se asemeja a un jardín de flores, las mujeres con sus coloridos saris sentadas en círculos, los niños corriendo por todos lados con gestos espontáneos de alegría. Sé que hay pobreza y miseria suficiente en India, aunque por sobre todo, en los pueblos y entre los más pobres se percibe gozo y vida en abundancia. Pero por supuesto esto no se trata solamente de vida animal y belleza, sino ese toque de la inteligencia humana. Viven de su inconsciente, pero se trata del inconsciente humano; lo que Jung llamó el "*anima*" como opuesto al "*animus*". Todo ser humano es al mismo tiempo masculino y femenino. En el hombre, el aspecto masculino, el "animus", se presenta como dominante, mientras que en la mujer, predomina lo femenino o "anima". En toda persona debería existir un cierto grado de equilibrio o armonía, pero en el Occidente de hoy domina el aspecto masculino, racional, activo, agresivo de la mente, mientras que en Oriente prima el aspecto femenino, intuitivo, pasivo, compasivo de la mente. El futuro del mundo depende del "matrimonio" de estos dos aspectos de la mente, el consciente y el inconsciente, lo racional y lo intuitivo, lo activo y lo pasivo. Este encuentro sí tiene lugar en la India y con otras partes del mundo. El impacto que produce Occidente en Oriente, por otro lado, es violento o agresivo, ya sea que se trate de las armas –como en el pasado– o de agresiones mucho mas sutiles que tienen que ver con la ciencia y la tecnología; que de alguna manera, manejan hoy al hombre y a la naturaleza.

El actual sistema industrial de Occidente –ya sea el implementado por el capitalismo o por el socialismo–, es el resultado de una mentalidad violenta, agresiva y netamente racional, con la excepción de que el último tiende a ser más opresivo e inhumano; y esta situación puede, sin duda llevar a la destrucción paulatina de las culturas milenarias de Oriente. No obstante, aún es posible concebir una evolución científica y tecnológica que no busque dominar a la ciencia al estilo occidental, sino que trabaje junto con la naturaleza, construyendo, a partir de la base de la economía de los pequeños pueblos –como lo vislumbró Mahatma Gandhi–, una nueva cultura, en la cual el hombre y la naturaleza, razón e intuición, el Yang y el Ying en términos chinos, convivan armónicamente.

Pero en la cultura de la India existe algo más que una búsqueda de armonía entre el hombre y la naturaleza, el consciente y el inconsciente; hay una conciencia profunda del poder que existe más allá del hombre y de la naturaleza, que penetra todo y que es la verdadera fuente de la belleza y la vitalidad de la vida india. Yo lo percibí cabalmente cuando visité por primera vez la Caverna de Elephanta, en las afueras de Bombay. La caverna tiene un conjunto de pilares en su interior –cosa bastante común en los templos hindúes–, que crea un ambiente de misterio e inmensidad; y, a medida que uno se acerca, surge, desde la oscuridad, la gran imagen de Siva Maheswara –el Gran Dios– con sus tres caras que representan sus diferentes aspectos, simbolizados en sus tres caras: bueno, terrible y contemplativo. Al principio se nos presenta como colosal y arrollador, aunque cuando observamos su cara frontal, notamos que se encuentra en una profunda contemplación. Pudimos percibir una absoluta paz, infinitamente distante y al mismo tiempo infinitamente cercana, solemne, benigna, dulce y majestuosa. Allí, cavado en la roca, se encuentra el verdadero genio de la India y de Oriente. Esto es lo que vine a buscar a la India; esta dimensión contemplativa de la existencia humana que Occidente ha perdido casi por completo. Aquí enclavada y escondida en la roca, uno podía encontrar lo profundo de la existencia, que surgía desde las profundidades de la naturaleza y del inconsciente, y penetraba la totalidad de la existencia humana e iba más allá, dentro del misterio de lo infinito y eterno; no como algo remoto e inaccesible, sino como algo casi tangible, corporizado en esta roca. Aquí encontré el secreto que vine a buscar y que finalmente encontré. La mente de Oriente no sólo está abierta al hombre y a la naturaleza por medio de una comprensión intuitiva de la creación, sino que también está abierta a esa fuerza oculta que penetra tanto al hombre como a la naturaleza y que se revela a aquellos que están en sintonía con el verdadero significado de la existencia humana.

Si Occidente en su totalidad ha perdido la conciencia intuitiva de la presencia de Dios en el hombre y en la naturaleza, la Iglesia de Occidente también se enfrenta con el mismo problema. El Cristianismo era originariamente una religión oriental (como prácticamente todas las religiones), pero su orientación desde el principio ha sido occidentalizante. Llegó a Asia Menor a través de Pablo, siguió hasta Grecia y Roma, y finalmente, con el curso del tiempo, a

Europa y a América. Aunque retuvo su fundamento oriental, se transformó a partir de estas influencias foráneas, en una religión occidental. Su teología es griega, su organización, romana y su expresión cultural, europea.

Esto último se hizo inmediatamente evidente en Bombay. Las iglesias son o de una arquitectura gótica o barroca; las estatuas y cuadros son similares a los modelos europeos; los altares, candelabros y los vitreaux, son generalmente importados del exterior. Todo se maneja, de manera que la iglesia aparece como extranejra a la India. No obstante, la gente de la India se las ingenia para transformar de alguna manera a esos edificios artificiales. Pululan por todos lados, apretujándose contra las barandas del altar y a través de las ventanas y puertas inundando estas propiedades victorianas, derrochando vitalidad y espontaneidad. Pero estos hechos permanecen, por supuesto, en el nivel superficial. La Iglesia de la India deberá atravesar una transformación radical, si es que pretende responder a las necesidades de la gente. Debe repensar su teología en "indio" en lugar de utilizar los términos griegos y deberá adaptar su organización a la forma local en lugar de seguir los modelos romanos. Y más aún, su base semítica deberá ser modificada. El Cristianismo comparte con el Judaísmo y el Islamismo una estructura semítica en relación al lenguaje y al pensamiento. La Iglesia de la India debe aprender a ver la tradición semita –con todos sus valores–, pero a la luz de la tradición oriental, aprender lo que el Hinduismo, el Budismo y el Taoísmo tienen para enseñar. Es solamente en ese momento cuando tendrá lugar el "matrimonio" entre Oriente y Occidente, dentro de la Iglesia y en todo el mundo.

Esta concepción de las cosas llegó a mí gradualmente. Cuando arribamos a Bangalore, compramos una propiedad distante algunos kilómetros de la ciudad, en una pequeña villa llamada Kengeri y comenzamos a llevar una vida monástica. En esa época, aunque mi intención era continuar mis estudios sobre el pensamiento indio, no tenía pensado cambiar nuestro estilo de vida. Usábamos nuestro hábito tradicional benedictino. Construimos una capilla al estilo occidental, con sillas y escritorios de lectura. Comíamos sentados ante una mesa con cucharas, cuchillos y tenedores. Nuestras celdas estaban simplemente amuebladas con camas de madera y colchones de paja, una mesa, una silla y una repisa para nuestra ropa y libros. Esto era lo que yo consideraba un modelo de simplicidad. Fue solo gradualmente que descubrí que casi todas estas cosas eran tomadas como lujosas en los pueblos vecinos. Solo una cantidad pequeña de gente rica tiene sillas y mesa o una radio; casi todos los vecinos se sientan normalmente en el suelo, comen con la mano de una hoja de plátano y duermen sobre una esterilla en el suelo.

De esta manera me fui dando cuenta del grado de pobreza y simplicidad que estaba más allá de cualquier idea que pudiera haber tenido desde Europa. Al mismo tiempo entendí que esta pobreza y simplicidad no significaba que la gente fuera menos culta. Había un anciano en la villa, por ejemplo, que era un estudioso del sánscrito, y de él fue que aprendí gran parte de la sabiduría tradicional hindú. También conocí a muchos estudiantes de la universidad, que estaban al tanto de las costumbres occidentales, uno de los cuales se convirtió en uno de mis mejores amigos. Tenía la mentalidad occidental en muchos aspectos y admiraba nuestra cultura occidental, pero no tenía inconveniente en sentarse en el suelo y comer con sus manos, y, todos los fines de semana –sin excepción– visitaba el pequeño templo del dios mono Hanuman, cerca de nuestro monasterio, y conducía el servicio religioso. Con estas evidencias me di cuenta de qué manera una cultura primitiva podía coexistir, codo a codo, con las costumbres occidentales.

En esa época estudiaba sánscrito con Raimundo Panikkar, que encarnaba de forma única, este encuentro de Oriente y Occidente. Su madre era una católica de España y su padre venía de una muy conocida familia hindú. Había sido criado en Europa, se había graduado en Ciencias, Filosofia y Teología, y en ese momento había vuelto a la India para volcarse a sus raíces. Juntos exploramos esta cultura india que comenzaba en ese momento a desplegarse ante mis ojos. Pasamos varias semanas juntos visitando los templos del antiguo estado de Mysore.

Tuvimos una inolvidable experiencia al principio, cuando ocasionalmente, conocimos a un hombre que nos invitó a su casa. Nos condujo a una pequeña cabaña de dos habitaciones en donde nos invitó a sentarnos en el piso, mientras dos de sus hijos nos daban un concierto de música clásica hindú. No había muebles en la casa.

Uno de los niños yacía enfermo en una esterilla, mientras los otros dos cantaban y tocaban un instrumento de cuerdas, completamente absortos en la música. La mamá preparaba té en la cocina, que bebimos de pequeñas vasijas de bronce, para luego incorporarse ella misma a los cantos. El padre nos explicó el significado de las canciones, que eran en sánscrito o en uno de los idiomas del sur de la India, y que eran todas, por supuesto, de origen religioso. Sorprendentemente nos hallábamos sentados en el suelo en esta pequeña cabaña sin ningún tipo de comodidades, cara a cara, con una de las mas profundas culturas religiosas del mundo.

Nuestras visitas a los templos no hicieron más que confirmar esta impresión. En Belur, Halebid y Somnathpur encontramos la arquitectura y la escultura de una belleza y un refinamiento comparable al más elevado arte gótico, pero más allá de la forma externa de esa belleza percibimos el significado interior profundo de estos templos. Halebid, era en particular, un lugar encantador, un antiguo templo emplazado en un valle atravesado por un ancho río, que me recordaba a las fuentes de Tintern. Alrededor del templo, en su parte exterior, había frisos esculpidos en orden ascendente, que representaban en primer lugar el mundo animal –elefantes, caballos, pájaros–, luego el mundo humano –con historias épicas hindúes, el Ramayana y Mahabharata–, y finalmente el mundo divino –el mundo de los dioses y las diosas–. Era literalmente una manifestación del misterio cósmico plasmado en la piedra, la vida divina manifestándose a sí misma en los tres mundos, el animal, el humano y el divino.

Otra impresión que perduró en mí fue una figura de un hombre desnudo parado, que pudimos encontrar en muchos templos Jainistas, especialmente la colosal figura en el templo de Sravan Belgola. Creo que esa era la figura de Purusha, el Hombre Primitivo, el Hombre Arquetípico, que aparece en el Rig Veda, del que se dice que contiene en sí mismo a la totalidad de la Creación. "Tres cuartos de él están arriba en el cielo, y un cuarto permanece aquí en la tierra". Esto es análogo al Adam, el primer hombre de la tradición hebrea, y al Hombre Universal de la tradición musulmana. Cuando Jesús se llamó a sí mismo el Hijo del Hombre, se estaba relacionando con esta tradición primitiva y de esta manera, revelando la unidad subyacente de todas las religiones. Es así que los templos en Mysore se refieren al Hinduismo como la Religión Cósmica, la religión de la Revelación de Dios en el Cosmos y en el Hombre.

Pero no menos importante fue la impresión que tuvimos cuando en una ocasión nos sentamos a la vera de un río cerca de un pequeño templo en donde no había más que un tosco grabado de "ingam" y "yoni", los órganos masculino y femenino. Un europeo se hubiera referido a ellos como "obscenos" pero para un hindú no tienen ese significado. Para el hindú, el sexo es escencialmente "sagrado". Es una manifestación de la vida divina y se lo adora como a cualquier otra forma de divinidad. Dios se manifiesta a sí mismo en todos las expresiones de la naturaleza, en la tierra y en el fuego, en el aire y en el agua, en las plantas, los animales y los hombres. El sexo es una de las manifestaciones del poder divino –el Shakti– que sostiene el universo y que tiene carácter sacramental. Es esta perspectiva de una unidad cósmica, en la cual el hombre y la naturaleza están sostenidos por un espíritu que penetra todo, lo que Occidente debería aprender de Oriente. Esto es lo que explica la extraordinaria sacralidad que involucra a todo lo creado en la India. La tierra, por ejemplo, es sagrada, y no se permite el arado, la siembra o la cosecha sin un rito religioso previo. El comer es una acción sagrada y cada comida es concebida como un sacrificio a Dios. El agua es sagrada y nadie, dentro de la religión hindú, tomará un baño sin invocar el poder sagrado del agua, "que desciende de los cielos, y desde la cabeza de Siva, es distribuida en los ríos fertilizados como el Ganges". El aire es sagrado, hálito de vida que viene de Dios y sostiene a todas las creaturas vivientes. El fuego es sagrado, especialmente en su fuente que es el sol, que trae luz y vida a todas las creaturas. También son consideradas sagradas las plantas, especialmente ciertas especies como el "tulsi" y ciertos árboles como el banian. Los animales son sagrados, en particular la vaca, que da la leche como una madre, pero también el elefante, el mono y la serpiente. Finalmente, el hombre es sagrado; cada hombre es visto como una manifestación de Dios; cada hombre es un hombre santo, en el cual la divina presencia puede percibirse con más claridad. Este es el universo sagrado, en donde el hombre ha vivido desde los comienzos de la historia y que ha sido completamente demolido por el mundo científico occidental. Todo rastro de sacralidad ha sido removido de la vida de manera que el hombre Occidental se encuentra hoy dentro de un universo en donde tanto los seres humanos como la naturaleza han sido privados de cualquier significado último de la vida.

Hay algunos que piensan que este proceso de secularización, que ha abolido el orden sagrado que tenían las religiones de la antigüedad, es en sí mismo el efecto de la Revelación Cristiana, que ubicó a toda la Creación bajo el dominio de un Dios Supremo único y por lo tanto, quitó los poderes a todos los demás "dioses". Es verdad que la tendencia de la Religión Cósmica es deificar los poderes de la naturaleza para poner al hombre bajo lo que San Pablo llamó los "poderes cósmicos", pero ésta no es la tradición auténtica dentro de la religión oriental; ya sea Hindú, Budista o Taoísta. En todas estas religiones los poderes de la naturaleza o los "dioses" están sujetos a un Ser Supremo único, sin importar el nombre con que éste sea conocido. Dentro del hinduismo, siempre se ha sostenido que los "dioses" son sólo nombres y formas del Ser Único, que no tiene ni nombre ni forma. Es más, el hecho de que el Cristianismo rechazara a los "dioses" de Grecia y Roma, no hizo al mundo menos sagrado; al contrario transformó todo en sagrado, debido a su relación permanente con Dios, su Creador. La degradación del mundo occidental no viene del cristianismo (excepto, tal vez a partir de algunas de sus manifestaciones más extremistas), sino del rechazo de la idea misma de Dios.

La diferencia entre las religiones semíticas (Judaísmo, Cristianismo e Islamismo) y las religiones orientales (Hinduismo, Budismo y Taoísmo) parece asentarse en lo siguiente; en la tradición semítica, Dios está representado como el Señor trascendente de la Creación, infinitamente "sagrado", que está separado y por encima de la naturaleza, y que no se confunde jamás con ella. Mientras que en la tradición oriental, Dios –o el Absoluto– es inmanente a toda la creación. El mundo no existe separado de Dios sino "en" Dios; habita en el corazón de cada criatura. El peligro de esta posición es que Dios puede ser muy fácilmente confundible con la naturaleza; el aspecto trascendente del Ser puede perderse de vista y se puede caer en el panteísmo. Por otro lado, si Dios es concebido como presente tanto en lo malo como en lo bueno, se corre el peligro de no poder distinguir entre lo que es bueno y lo que malo.

Pero tal vez la más grande debilidad de la concepción religiosa oriental sea que tiende a considerar a todo el mundo material como una ilusión –*maya*–, como el producto de la "ignorancia" (*avidya*). Se considera que el mundo de la experiencia ordinaria es de una realidad aparente y que, al llegar al último estadio del "conocimiento" –*paravidya*–, todas las diferencias desaparecen y sólo permanece la Absoluta Realidad. Cuando llegué a la India, la mayoría de los hindúes educados que conocí seguían las enseñanzas del gran Sankaracharya. Pero mi experiencia y estudios posteriores me han demostrado que esto no es lo que enseñan los Upanishads o el Bhagavad Gita, y que la doctrina del mismo Sankara es mucho más sutil y profunda de lo que se la quiere hacer aparecer. La auténtica tradición hindú, no niega la realidad del mundo material. Ve a toda la creación penetrada por el único Espíritu eterno, que crea, sostiene y finalmente disuelve el mundo, y este Espíritu que todo lo penetra –El *Brahman*– no es menos trascendente que inmanente. Es "invisible, inconcebible, inimaginable, indescriptible". A cada forma o nombre que se le asigne a este Ser Supremo, sólo se responde: "esto no, esto no" (*neti, neti*).

Este hinduismo, que comienza con la inmanencia de Dios en la Creación, asciende luego a la conciencia de su infinita trascendencia. Mientras que la tradición judeo-cristiana comienza con la infinita trascendencia de Dios o Yaveh, al que ve descender a la tierra, manifestarse a sí mismo a través de los ángeles, hablar a través de sus profetas y finalmente "encarnarse" –la Palabra se hizo carne– y comunicar así su Espíritu al hombre.

El verdadero carácter de esta tradición semítica original me llegó cuando dejé Bangalore y me establecí en Kerala. No pudimos llevar a cabo la idea de la fundación que habíamos planeado en Kengeri, pero en ese momento fui invitado por el Padre Francis Mahieu, monje cisterciano, para que me uniera a la fundación que ellos iban a organizar en Kerala.[1] Y fue ahí cuando me di cuenta de

---

1. *El hilo dorado (The Golden String)* fue publicado por Harvill Press en 1954 y por Collins en Fontana Books en 1964. Fue reeditado en 1979.

que, si pretendíamos entrar dentro de la auténtica tradición de la cultura india, debíamos cambiar nuestro estilo de vida. Fue entonces cuando adoptamos el *kavi* –hábito del *sannyasi* hindú–. En la India, el *sannyasi* es aquel que renuncia al mundo para abocarse a la búsqueda de Dios, tal como el monje cristiano que se somete al voto de pobreza.

También adoptamos las costumbres de un *sannyasi*, andábamos descalzos, comíamos y rezábamos sentados en el piso, comíamos con las manos y dormíamos en una esterilla. De esta manera nos sentíamos más cerca de la situación que atravesaban los pobres de la India. Y este estilo de vida se afianzó debido a que, cuando comenzamos nuestra vida monástica en la India, nos vimos obligados a vivir en una cabaña construida con hojas de palmera. El edificio de piedra, que estábamos edificando, aún no estaba terminado y debimos atravesar toda la estación monzónica viviendo en esta frágil cabaña. No obstante, descubrimos que podíamos sobrevivir aun bajo esas condiciones. El piso de la cabaña, –hecho de tierra–, estaba tan húmedo que debimos cubrirlo primero con paja y más tarde con tablones de madera, para mantenerlo seco. Pero a pesar de estos inconvenientes, pudimos continuar nuestra vida monástica, celebrar el "Qurbana" –la Eucaristía en el rito sirio que habíamos adoptado–, cantar las oraciones, continuar nuestros estudios y hacer todo el trabajo diario necesario sin descanso.

Siempre estaré agradecido de haber podido experimentar, no solamente las necesidades, sino también las alegrías que trae la simplicidad en la que vive la gente pobre de la India. Recuerdo que cuando vi por primera vez esas precarias cabañas en las que la gente vivía, me pregunté cómo era posible que seres humanos vivieran bajo semejantes condiciones. Pero la experiencia me ha enseñado que una simple cabaña de barro con un techo recubierto de hojas, sin muebles ni comodidades, es suficiente para satisfacer las necesidades humanas básicas y puede traer más paz y felicidad que muchas de las casas de los ricos. Fue así que comencé a comprender las palabras del Evangelio: "Benditos sean los pobres, benditos los que lloran, benditos los que tienen hambre." Los pobres de la India sufren y tienen hambre, pero tienen una bendición en sus vidas que el mundo occidental ha perdido.

Cuando llegamos a Kerala, adoptamos el rito sirio, al que pertenecían la mayoría de los cristianos. Se dice que la fe cristiana fue traída a la India por el apóstol Tomás, y seguramente debe haber existido una iglesia en Kerala desde tiempos muy remotos. La experiencia histórica más antigua se remonta a una iglesia existente en la India desde por lo menos el siglo IV DC, que formaba parte de la iglesia Persa o Siria Oriental. A menudo olvidamos que, mientras la Iglesia Cristiana se expandía hacia el Oeste –Asia Menor, Grecia y Roma–, también se extendía hacia Oriente, a través de Siria y Mesopotamia. El centro geográfico de esta Iglesia Oriental era la ciudad de Edessa, en el límite entre Siria y Mesopotamia; en donde se hablaba una forma de Arameo –el lenguaje de Jesús y sus discípulos–, que luego se conoció como Sirio. Esta Iglesia Siria se extendió, en los siglos siguientes, a través de Persia, llegando hasta China e India, en donde florecieron cientos de iglesias y monasterios. Desgraciadamente, adoptaron una forma "Nestoniana" de fe cristiana, que fue rechazada por el Concilio de Chalcedon, lo que llevó a la separación de esta iglesia de rito sirio, de las de Occidente. No obstante, representa un destacado testimonio de una forma oriental de Cristianismo, que mantiene su importancia hasta nuestros días. Más adelante, este Cristianismo sirio fue superado por las fuerzas del Islamismo y en la actualidad solo quedan en Medio Oriente algunas reliquias que recuerdan lo que esta Iglesia significó en épocas pasadas.

En Kerala, por otra parte, la Iglesia siria tiene más influencia que cualquier otra iglesia cristiana, pero desgraciadamente, se ven reflejadas en ella las divisiones del Cristianismo occidental. Hay Católicos sirios, Ortodoxos sirios y Protestantes sirios, y para compicar aún más las cosas, existe una división anterior de la Iglesia Siria que tuvo lugar en el siglo V cuando los sirios orientales –con su centro en Persia–, adoptaron la forma "Nestoniana" de la fe Cristiana, enfatizando la naturaleza humana de Jesús; mientras que los sirios occidentales –con su centro en Antioquía– adoptaron la forma "monofísica" de fe, poniendo énfasis en la naturaleza divina de Jesús.

Cuando decidimos fundar nuestro ashram en Kerala, adoptamos el rito Sirio Occidental de Antioquía, el rito Malankara –como es conocido en Kerala–, por ser un rito puramente oriental; mientras que el rito Sirio Oriental o rito Malabar, fue bastante latinizado y es el adoptado por las iglesias orientales que están unidas a Roma. Por lo tanto, desde el principio, nos vimos obligados a enfrentarnos con todas las múltiples divisiones que han contaminado a las iglesias cristianas desde tiempos muy remotos. En un sentido, estas divisiones son perfectamente naturales. Ya que es normal que la fe cristiana encuentre diferentes formas de expresarse tanto en Oriente como en Occidente. Pueden darse también posteriores divisiones basadas en las diferencias locales en relación a la expresión de la fe y a la forma de manifestarla. Lo que considero contraproducente es que cada una de estas iglesias sostenga que su forma de fe y adoración es la única verdadera y que haya condenado a todas las otras como falsas y opuestas a la verdadera fe. Hoy nos damos cuenta de que una única Fe puede tener diversas formas de expresión ya sea desde la teología, la liturgia o la organización, y que cada corriente puede valorizar la particular manifestación de las otras iglesias.

La liturgia y la teología siria a la que fuimos introducidos en Kerala es sumamente interesante. En primer lugar, es una forma oriental de Cristianismo, que, aunque le debe algunos elementos al mundo griego por haber tenido su centro en Antioquía; tiene sus raíces en el mundo semítico del Medio Oriente. En realidad, pertenece al mismo mundo de la Biblia. Es como si hubiera surgido de la misma tierra de la Biblia, usando el mismo lenguaje que fue usado en Palestina y expresándose a sí misma, no en los términos metafóricos de la teología griega, sino en el lenguaje rico y simbólico de la Biblia. La liturgia consiste mayormente en largas oraciones de gran belleza y solemnidad, con canciones y cantos enmarcados en una música solemne y compuestos en su mayoría durante la epoca dorada de la liturgia –entre los siglos V y X–. Está imbuida por un sentido de la majestuosidad y santidad de Dios, que es un elemento típico del genio semita al que se lo encuentra tanto en la Biblia como en el Corán.

Existe, en realidad, mucho en común entre el Cristianismo sirio y la religión Islámica que lo derrotó, ya que, en ciertos momentos, ambas se influenciaron mutuamente. Es a partir de allí, como Bar Hebraeus, uno de los grandes teólogos de la Iglesia siria, parece haber moldeado su tratado místico, el *Libro de la Pureza*, basándose en un trabajo del gran teólogo musulmán, Al Ghazali. En la religión semita hay un profundo sentido de la infinita santidad de Dios, su rectitud moral y su negativa a tolerar al pecado y al mismo tiempo su infinita compasión y voluntad de perdonar al pecador que se arrepiente. También la liturgia siria posee un sentido sacramental maravilloso; el sentido de que a través de la Encarnación, el poder divino ha penetrado a toda la creación y el hombre ha comenzado a participar en la nueva vida de la Resurrección. Esta visión cósmica fue expresada maravillosamente en un trabajo de Dionisio de Arepaguita, que incorporó bastante del neo-platonismo a la teología cristiana, y que hoy se cree que fue un monje sirio.

Pero, aunque este Cristianismo sirio presente la posibilidad de una forma Oriental de Cristianismo, diferente de todas las formas Occidentales, esto no es suficiente. Pertenece al Medio Oriente y tiene afinidad con el Islam, pero no tiene nada en común con el Extremo Oriente o con el pensamiento chino e indio. Cada forma de religión semita tiene sus serias limitaciones. Cada una de ellas tiene un profundo sentido de la Santidad de Dios, de su pureza moral y de su rechazo al pecado conjuntamente con su infinita compasión y misericordia, lo que representa una profunda introspección dentro de la naturaleza de la Realidad misma, pero no obstante, en cada una de ellas se vislumbra un espíritu de intolerancia, que se ha convertido en un serio obstáculo para la mutua aceptación. Cada una ha crecido con la convicción de que es la única religión verdadera y tanto Cristianos como Musulmanes, son llevados, a partir de esta convicción, a tratar de convertir a todos los demás a su propia fe. Cuando esta actitud es apoyada en la historia, a través de las armas –como ha ocurrido habitualmente–, el resultado es desastroso, no solamente para las mismas religiones sino para las creencias religiosas en general.

Es en este punto en donde las religiones semitas deben aprender de la tradición Oriental. En las religiones orientales no ocurre lo mismo. Existen innumerables sectas y divisiones dentro del Hinduismo, pero aunque ha habido conflictos ocasionales, habitualmente se las arreglan para vivir de manera conjunta en paz y armonía, cada una respetando la fe y los rituales de las otras. En el

Budismo, también hay una gran división entre los Hinayanas y los Mahayanas –el Vehículo Más Grande y el Menor–, aunque esto no ha llevado a la violencia, ni al odio ni a la persecución como ha ocurrido entre distintas ramas dentro de las Iglesias cristianas. No es ninguna religión en particular, sino la religión misma, la que está en juego en el mundo moderno, y sólo un movimiento ecuménico entre las diferentes religiones –cada una aprendiendo a aceptar y apreciar la verdad y santidad que encuentra en las demás– es capaz de responder a las necesidades de la religión en nuestros días.

Yo tuve la oportunidad de enfrentar este desafío de un ecumenismo religioso genuino, cuando me fui de Kerala a un Ashram en Tamil Nadu, en el viejo Estado de Madrás. Este Asharm había sido fundado por dos padres franceses, Monchanin y Le Saux, que habían sido pioneros en el intento de adaptar la vida monástica a las formas tradicionales de la vida y las costumbres de la India[2]. El Ashram fue llamado "Saccidananda Ashram"; siendo *saccidananda* nombre hindú para la Divinidad como Ser, Conocimiento y Bendición, y que fue tomado como un símbolo semejante al de la Santísima Trinidad Cristiana: el Padre como el Ser, el Hijo o la Palabra de Dios, como el Conocimiento del Padre, y el Espíritu Santo como la Bendición del Amor, que une al Padre y al Hijo. Estos mismos monjes tomaron los nombres de Parama Arubi Ananda, la Bendición del Supremo Espíritu, y Abhishiktananda, la Bendición de Cristo. De esta manera buscaban identificarse con la tradición hindú de *Sannyasa* –la renuncia al mundo para poder experimentar la bendición de la vida divina–. Pero esto fue mucho más que una cuestión de nombres. A través del estudio del Yoga y la Vedanta, buscaban integrar la totalidad de la tradición espiritual de la India en sus vidas como cristianos, trabajando hacia esa unidad en la religión, que es el objetivo final de la raza humana.

Desgraciadamente, el Padre Monchanin, falleció pocos años después y el Padre Le Saux se estableció en los Himalayas como ermitaño, desde donde escribió varios libros en los cuales planteó la

---

2. El doctor Panikkar ha publicado recientemente *La Experiencia Védica* (*The Vedic Experience*) una traducción de los principales textos de los Vedas con notas y comentarios, destacando la relevancia de los Vedas para el hombre moderno. Fue publicado por Darton, Longman and Todd en 1978.

relación entre las tradiciones hindúes y cristianas con una profunda introspección. Cuando abandonó Shantivanam, me solicitó, que junto con otros dos monjes del Ashram de Kurisumala, continuáramos su tarea. Fue entonces cuando pudimos recomenzar nuestra vida monástica pero de una forma más radical. La vida Benedictina, a la que había estado acostumbrados, era aquella en la que una comunidad de monjes comparten una vida en común, de estudio y oración, ganándose el pan con sus trabajos manuales. Pero me di cuenta de que me había embarcado en algo diferente. En primer lugar, un Ashram no es una comunidad similar a un monasterio. Es más bien un grupo de discípulos reunidos alrededor de un Maestro o Gurú, que comparten la vida de oración y la experiencia de Dios del Gurú. La vida, por lo tanto, no se centra en la oración común de la liturgia sino en la oración personal de cada integrante. Es la hora de la meditación al amanecer y al anochecer –la hora tradicional para la meditación en la India– lo que constituye la base de la vida. La comunión silenciosa con Dios y la oración común de la comunidad son una consecuencia de estos momentos de meditación.

En Shantivanam, el Bosque de la Paz, cada uno de nosotros tiene una cabaña con techo de paja que se encuentra entre los árboles, en la cual vivimos y rezamos. Nos encontramos para orar tres veces por día, no para la oración formal litúrgica como en Kurisumala, sino para una oración más informal, en la cual incluimos lecturas provenientes de los libros sagrados de diferentes religiones como así también de salmos y lecturas tomados de la Biblia. En la mañana leemos a los Vedas, al mediodía al Corán y al Granth Sahib de los Sikhs, y finalmente al atardecer leemos a los poetas devocionales, en especial a aquellos de Tamil Nadu, como el gran místico Manikkar Vasagar. De esta manera en nuestra oración, nos enfrentamos día a día con la cuestión de las relaciones existentes entre las diferentes religiones.

Hoy en día, es casi imposible que una religión viva aislada de las otras religiones. En casi todos los países la gente de diferente religión o de ninguna religión se organiza encuentros para confrontar sus diferencias. Para un cristiano y para los miembros de cualquier religión semita, esto representa un gran problema. A cada uno de ellos se le ha enseñado que su religión es la verdadera y, por lo tanto, rechaza a todas las otras como falsas; de manera que no es fácil entrar en diálogo. No obstante, este diálogo es cada vez más necesario. Aquellos que lo intentan se dan cuenta de que cuando este intercambio es entendido correctamente, no es un compromiso errado, sino un proceso enriquecedor en el que cada religión se abre a la verdad que se encuentra en las otras creencias, y a partir de allí, ambas crecen en una búsqueda conjunta de la Verdad. Cada religión debe poder mantener la Verdad fundamental dentro de su propia tradición y, al exponerse a otros aspectos de la Verdad, permitir que esa tradición crezca. De esta manera, comenzamos a darnos cuenta de que la Verdad es una, pero con muchas caras, y cada religión es una cara de esa única Verdad, que se manifiesta bajo signos y símbolos diferentes y bajo tradiciones históricas distintas.

La concepción semita de Dios es la de un Ser absoluto y trascendente, que domina al mundo como su Creador y Señor y que rige sus destinos desde lo alto. La imagen espacial es, por supuesto, solamente simbólica, pero el concepto es el de absoluta trascendencia. El concepto de Dios Oriental e Hindú –o más bien de la última Realidad, ya que puede no recibir el nombre de Dios–, es el de un poder inmanente en la Naturaleza y en el Hombre, oculto en el corazón de cada criatura. La figura de Siva Nataraja, el Señor de la Danza, es un símbolo perfecto de esto. Él crea, sostiene y disuelve el mundo a través de su danza rítmica, y la totalidad del orden cósmico no es más que esta danza de Siva. Lo diferente de esta visión es que Dios es concebido no tanto por encima del universo, sino más bien dentro de él. Como está escrito en los Upanishads: "El Dios que está en el fuego, el Dios que está en el agua, el Dios que ha entrado en el mundo, el Dios que está en las plantas y en los árboles; adoración a ese Dios, adoración a Él."[3] Es verdad, por supuesto, que en la tradición cristiana Dios es también concebido como inmanente en la naturaleza; el mismo San Pablo dice en una de sus citas: "En el vivimos y nos movemos y somos." Aunque el énfasis es bien diferente. Los Hebreos comienzan por la trascendencia de Dios y descubren gradualmente su inmanencia; los Hindúes co-

---

3. Un relato completo de esta fundación se puede encontrar en *Ashram Cristiano (Christian Ashram)*, publicado por Darton, Longman and Todd en 1966.

mienzan a partir de la inmanencia y van hacia la trascendencia. Es un punto de vista diferente. Uno es complementario del otro y cada uno abre una perspectiva distinta.

Cuando una creencia cristiana es vista desde la perspectiva oriental, surge otro aspecto de la Verdad que está contenido en la revelación original. En primer lugar, se cuestiona el uso de la palabra "Dios". En el contexto del pensamiento semita, Dios es concebido como una persona, pero la palabra "Persona", al igual que otros términos aplicados a la Realidad Última, es más bien un término analógico. No se pretende negar al ser personal en Dios, sino más bien reconocer que Él está más allá de cualquier concepto que podamos formarnos y por lo tanto "más allá de la personalidad". En la historia del Cristianismo, Dionisio de Arepaguita llegó a la misma conclusión, cuando, bajo la influencia del pensamiento neo-platónico, describió a Dios como "más allá del ser". Pero para el cristiano común que ha crecido bajo la influencia del pensamiento bíblico, Dios permanece escencialmente como una persona, sin tener en cuenta, para este efecto, las limitaciones del lenguaje. Parece necesario, por lo tanto, si pretendemos mantener la perspectiva adecuada, utilizar frases tales como "la Última Realidad", la "Última Verdad", o conjuntamente con Tillich, "la Última Preocupación"; cuando nos refiramos a la divinidad misma, para diferenciarla del aspecto personal de Dios. Los orientales, a pesar de utilizar un lenguaje personal en relación a Dios, van en general más allá de esa terminología y hablan de Brahman, Atman, Tao o en el lenguaje extremadamente negativo del Budismo, del Nirvana o del Vacío. Todas estas son palabras que apuntan hacia la realidad innombrable, que no puede ser apropiadamente concebida y que está mucho mas allá de la personalidad, como lo está de cualquier concepto humano. Pero al hablar de Dios de esta manera, los orientales no están interesados ni en la teoría ni en la doctrina. Toda doctrina oriental surge de una experiencia de Dios, o de la Última Realidad. En el Hinduísmo, Brahman es el nombre que se le da a esa Realidad concebida como la Fuente desde donde todo surge, la Base sobre la cual todo existe, la Meta a la que todo lo que existe aspira. Es el Uno, el Eterno, el Infinito, el Trascendente, o de cualquier forma que llamemos al "más allá" de la existencia humana.

Cuando, en la meditación, la mente va más allá de las imágenes y conceptos, más allá de la razón y el deseo, hasta el último estamento de la conciencia; se experimenta a sí misma en esta Unidad del Ser sin tiempo ni espacio. Las grandes citas de los Upanishads lo remarcan cuando dicen: "Yo soy Brahman", "Tú eres Eso"... Lo Último es experimentado en la profundidad del alma, en la sustancia o centro de la conciencia, como su propia Fuente y Base, como su propio Ser o Yo (*Atman*). Esta experiencia de Dios se sintetiza en la palabra *saccidananda*. Dios, o la Última Realidad, es experimentado como Ser Absoluto (*sat*), conocido desde la pura conciencia (*cit*), y que comunica absoluta bienaventuranza (*ananda*). Esta fue la experiencia que tuvieron los videntes de los Upanishads como también los innumerables santos en la India desde entonces. Es una experiencia de autotrascendencia, que posibilita una percepción interna intuitiva de la Realidad. Es éste el conocimiento que el hombre occidental debe aprender y adquirir. Todos deben descubrir esta otra dimensión de la conciencia humana, la conciencia "femenina" e intuitiva, en la que ya no predomina la mente racional, sino que ésta se ve sometida a una ley más elevada dentro de su propio ser, para poder trascender así sus limitaciones. Esto es lo que Occidente debe aprender de Oriente y lo que Oriente debe reaprender, si no quiere perder su propia alma.

Existen claras señales que indican que esta nueva conciencia ha comenzado a hacerse realidad, a medida que Occidente ha ido tomando contacto con Oriente. La era del materialismo científico, que predominó durante el siglo XIX está llegando a su fin para dar lugar al surgimiento de una nueva era caracterizada por una sabiduría espiritual. La misma ciencia occidental ha preparado el camino para esto. La imagen "científica" del mundo que prevaleció desde la época de Sócrates como una realidad objetiva extendida en el tiempo y en el espacio, que podía ser observada objetivamente por un testigo desapasionado; ha sucumbido bajo el impacto de la ciencia misma. El universo newtoniano de los cuerpos sólidos que se mueven en el espacio y en el tiempo absoluto, ha dado lugar a la idea de la relatividad y de la física cuántica.

Se dice que en "la física moderna, el universo se experimenta como un todo dinámico e inseparable, que siempre incluye al observador de una manera escencial"⁴. No es solamente el hecho de que la ciencia ya no reconoce al mundo como cuerpos separados que se mueven en un espacio y tiempo objetivos, sino que más bien lo concibe como un complicado entramado de relaciones entre las varias partes de un todo unificado⁵. La ciencia entonces va mucho más allá de esto y reconoce que la conciencia humana está escencialmente involucrada en el objeto que observa. "La ciencia natural" –dice Heisenberg– "no solamente describe y explica la naturaleza, sino que es más bien parte del juego entre la naturaleza y nosotros mismos."⁶ En otras palabras, la ciencia no brinda el conocimiento de la Realidad como tal, sino el conocimiento de la Realidad reflejada por la conciencia humana. Esto –como observa Frijrot Capra, autor de *El Tao de la física*–, acerca a la ciencia Occidental a la visión de la Realidad sustentada por la tradición Oriental. No hay mundo objetivo exterior como opuesto a nuestro mundo subjetivo interior. Hay una sola Realidad, que se manifiesta objetivamente fuera de nosotros y subjetivamente en nuestro interior, pero que en sí misma está más allá de la distinción de sujeto y objeto, y que es conocida cuando la mente humana trasciende tanto el sentido (por medio del cual percibimos el mundo "exterior") como la razón (por la cual concebimos el mundo mental de la ciencia y la filosofía), para descubrir la Realidad misma, que es al mismo tiempo una unidad indivisible de ser y conciencia.

¿De qué manera, entonces, podemos describir esta nueva visión del mundo, que es también la visión que sustentaron los antiguos

---

4. La vida del Padre Monchanin y algunos de sus escritos fueron publicados bajo el título *La Cuestión del Absoluto (The Quest of the Absolute)*, editados por J. G. Weber en 1977 por Publicaciones Cisternianas en los Estados Unidos, y por Mowbray, Oxford. Los libros del Padre Le Saux, escritos con el nombre de Abhishiktananda, son publicados por ISPCK en Delhi, y su libro de oraciones ha sido también publicado por SPCK en Londres.

5. Svetasvatara Upanishad, 2, 17.

6. cf. *El Tao de la Física (The Tao of Physics)* por Fritjof Capra en Fontana Books, 1976. Este es el ejemplo más destacado de un científico occidental que descubre los valores del pensamiento oriental. Esta no es la perspectiva de un científico aislado sino de una corriente de ortodoxia científica que aparece bien reflejada en el trabajo de Bernard Despagnat *Fundamentos Conceptuales de la Mecánica Cuántica (Conceptual Foundations of Quantum Mechanics)* (Benjamin Inc.1976).

videntes? Hay una sola Realidad, "Una solamente, sin una segunda", que es Ser y Conciencia indivisibles (*sat y cit*), y cuando esta Realidad es conocida desde su origen, es experimentada como la fuente de inefable gozo (*ananda*). Esta única Realidad se manifiesta en nuestra conciencia dividida de dos maneras: por un lado, como el mundo "objetivo" que se extiende en el espacio y en el tiempo y que aparentemente obedece a leyes mecánicas, y por el otro, como un mundo "subjetivo" de sensaciones, sentimientos, imágenes e ideas que surgen en nuestra conciencia. Nos encontramos entonces divididos entre la conciencia y la inconsciencia, lo psicológico y lo físico, la mente y la materia, o, en términos hindúes, entre *Purusha* (Espíritu, Conciencia) y *Prakriti* (Naturaleza e Inconsciencia). Pero cuanto más nos adentramos en la mente y la materia, más nos damos cuenta de que ambas se interpenetran y que no pueden ser divididas. La mente y la materia, consciente e inconsciente, Purusha y Prakriti, se interpenetran y, en el nivel más profundo de conciencia estas divisiones desaparecen y la mente y la materia, el Espíritu y la Naturaleza, son la misma cosa.

En otras palabras, existen tres mundos, el mundo de la materia, el mundo de la mente y el mundo del Espíritu, que experimentamos en nosotros mismos como cuerpo, mente y espíritu. Pero en realidad, estos mundos no están divididos. Es debido a la ignorancia (*avidya*) y a la ilusión (*maya*) –en términos hindúes–; o al pecado y a la caída –en términos cristianos–; que experimentamos esta división en nosotros mismos. El objetivo de toda religión es restaurar en el ser humano esta conciencia indivisa y esta unidad del ser, que el hinduismo denomina *moksha* o liberación, y que el Budismo lo llama *nirvana* o "eso mismo" y que en el Cristianismo está representado por la redención del hombre y por la restauración de su unión con Dios.

El hombre primitivo experimentó primariamente esta unidad indivisa del ser y la conciencia y lo expresó en términos míticos. Ya que el Mito es en su origen, la expresión simbólica de la Única Realidad experimentada como una unidad viva dentro de una conciencia no fragmentada. El hombre védico, por ejemplo, –que es el que ha desarrollado más ricamente esta conciencia mítica–; se experimentó a sí mismo y al mundo en lo que, de una forma torpe pero significativa, el Dr. Panikkar denominó unidad "cosmoteándrica". En otras palabras, Dios, el hombre y el mundo tuvieron originariamente la experiencia de una total unidad. Pero a medida que se desarrolló la Razón, comenzaron las diferenciaciones y al final se quebró la unidad original. Era necesario por supuesto, que la razón evolucionara y que se generaran estas diferenciaciones. Pero durante ese proceso, el hombre se fragmentó. Se comenzó a experimentar a sí mismo como separado de la naturaleza y de Dios, y al mismo tiempo, dividido interiormente. Esto se encarna, en términos cristianos, como la Caída del hombre y su expulsión del Jardín del Edén. Es una caída de un estado de conciencia no dividida a un estado de conciencia fragmentada. En el pasado, esta división fue experimentada de formas diferentes, pero en la actualidad la fragmentación ha llegado a niveles intolerables. Nunca antes, el hombre se sintió tan aislado, solo en un universo vasto e impersonal, obedeciendo leyes mecánicas, encerrado en su propia conciencia individual y separado tanto de la naturaleza como de Dios. Pero esto, por supuesto, es una ilusión: este es el gran Maya, la ignorancia, el Pecado, que toda tradición religiosa ha visualizado como la principal causa de la miseria humana. No existe un universo externo fuera de nosotros que obedezca a leyes mecánicas. La totalidad del universo está penetrado por la Mente; obedece –cuando es correctamente visualizado y comprendido–, no solamente a leyes matemáticas sino a la Ley del Espíritu. "El Espíritu del Señor ha llenado el mundo."[7] El tomar conciencia de esta unidad vital del hombre y el mundo en la vida del Espíritu, ha sido el verdadero propósito de toda religión en la antigüedad.

Los mitos y rituales de la gente primitiva, como por ejemplo, los aborígenes australianos, los *"bushmen"* africanos, los indios americanos y las tribus de todo el mundo en general, se han interpretado como intentos del hombre para liberarse de su aislamiento para poder así restaurar la unidad con su interior y con el universo. Esta religión primitiva es aún hoy una realidad viviente en la India, enraizada no sólo en el mito y en el ritual –que se practica diariamente en los templos–, sino también desde el razonamiento filosófico pro-

---

7. cf *El Tao de la Física*, pág. 142.

fundo. En los Upanishads, y en la Vedanta, el mundo mítico de los Vedas estaba abocado al rastreo de la investigación filosófica. La Vedanta desarrolla el más acabado estudio, a la vez sistemático y profundo, de la naturaleza última de la Realidad.

Entonces, ¿cómo encaja la Biblia dentro de este modelo de desarrollo humano? Debemos reconocer en primer lugar, que la Biblia pertenece escencialmente a este mundo del Mito. El Mito, como hemos dicho, es la expresión simbólica de la Realidad en términos de la imaginación humana. La historia de Adán y Eva en el Paraíso es claramente una historia mitológica en donde se plasma simbólicamente el origen del hombre y la Caída de su estado original de unidad con Dios. Las historias de la Redención del hombre, del Hijo de Dios que se hace Hombre, de su muerte y Resurrección, de su descenso a los infiernos y su ascensión al Cielo, de su venida en la gloria al fin de los tiempos; forman parte de un lenguaje netamente mitológico. Esto no quiere decir que no sea verdad, por el contrario, el relato bíblico es el punto más cercano a la Verdad que podemos alcanzar. Es ilusorio pensar que el lenguaje científico es "cierto" y que el lenguaje poético "no es cierto". El lenguaje científico, por sobre todo es, en su forma clásica, matemático, es el lenguaje más abstracto e irreal, es decir, el más apartado de la realidad concreta. La poesía, o el lenguaje de los símbolos, está más cerca de la realidad, pero la Verdad última puede ser conocida sólo a través de una pura intuición, que está más allá de todo lenguaje.

La Biblia, al igual que toda literatura religiosa, es rica en este lenguaje de los símbolos, pero el simbolismo de la Biblia tiene características diferentes, por el hecho de ser un simbolismo histórico. La historia es el recuento de hechos, no sólo los hechos físicos en el espacio y en el tiempo, sino también los hechos psicológicos: el significado de los hechos físicos en la conciencia humana. En este sentido, la poesía está más cerca de la realidad que la mera historia. La Ilíada de Homero nos lleva más cerca de la realidad de la guerra de Troya, de lo que lo podría hacer cualquier libro de historia, y *La Guerra y la Paz* de Tolstoi nos da una visión interior de la invasión de Napoleón a Rusia, que ningún libro de historia podría darnos. Pero Homero y Tolstoi nos brindan una perspectiva del orden cósmico por detrás de la historia humana y nos ayudan a tomar conciencia del significado de la historia humana como una totalidad.

La Biblia pertenece a este mundo de simbolismo histórico. La Biblia es historia, recuento de hechos en la historia de un pueblo en particular, que puede ubicarse bajo circunstancias históricas concretas en el tiempo. En el Nuevo Testamento, Jesús es ubicado en una situación histórica determinada; nacido bajo el reinado del Emperador Augusto, contemporáneo de Virgilio y cuya muerte se produce bajo el gobierno de Poncio Pilatos, el gobernador romano para Palestina. Pero esta historia es percibida a la luz de una visión imaginativa de la historia humana que es concebida como un movimiento progresivo hacia el "fin", un *eschaton*, cuando el significado absoluto de la historia de la humanidad pueda ser revelado.

Existe por lo tanto, una profunda verdad psicológica e histórica en la Biblia, pero, por sobre todo, este libro relata una sucesión de hechos a la luz de la Última Realidad. Jesús es visto como la Persona en la cual es revelado el significado último de la vida y de la historia humana. Esto es expresado en el lenguaje simbólico de la tradición hebrea, cuando se refiere a la "venida del Reino de Dios", al "Hijo del Hombre" que al mismo tiempo es "el Hijo de Dios", a su nacimiento virginal, a su muerte y Resurrección y a su Ascensión a los Cielos. Éste es claramente un lenguaje mitológico, es decir, de simbolismo, aunque basado en hechos psicológicos y físicos reales. No tiene sentido separar lo físico de lo psicológico para intentar arribar a algún tipo de realidad "científica". Los hechos físicos y psicológicos deben ser vistos a la luz de la Realidad total; y será entonces cuando saldrá a la luz su verdadero significado. Jesús era un hombre porque poseía un cuerpo y un alma humana al igual que cualquier otro hombre, y todas sus experiencias sucedían a través de su cuerpo y de su alma, al igual que los demás. Pero en las profundidades de su Espíritu, en esa Base o Centro del alma que existe en todo hombre, Él se sabía Uno con esa Última Realidad, a la que llamaba Dios, y se experimentaba a sí mismo en la Esencia de su Ser en una relación de un Hijo con su Padre. Esta experiencia de relación, que Él expresaba en términos de conocer y amar al Padre y de ser conocido y amado por Él; parece ser la única clase de experiencia que Jesús tiene de Dios. No hay razón para dudar de que Jesús experimentó su relación con Dios de esta manera particular, aunque la forma en que está expresada en el Nuevo Testamento, en especial en el Evangelio de San Juan, es más bien un resultado de sus enseñanzas originales.

Si queremos traducir este lenguaje simbólico de la Biblia en términos más universales, podemos decir que la Realidad Única, Dios, la Verdad, el Espíritu –cualquier nombre que elijamos–, se ha manifestado a sí misma desde el comienzo en toda la Creación, en toda la historia humana y en cada conciencia humana. Pero, aunque esta Única Realidad pueda manifestarse en el mundo, al mismo tiempo permanece oculta. Cada hombre y cada cosa, al mismo tiempo esconde y revela esa Realidad. Hay mucha gente santa en la que la realidad fluye naturalmente. La alcanzable unidad del hombre con el universo se manifiesta hoy a través de estos místicos. Esta visión de la Realidad está encarnada en los mitos y rituales, en las doctrinas y en los sacramentos de las diferentes religiones en todo el mundo. En cada religión, la Realidad divina se manifiesta bajo diferentes símbolos y signos. Debemos tratar de discernir la Verdad oculta dentro de cada tradición religiosa. Cada una de ellas tiene algo que aportar a la comprensión del género humano y a su plena satisfacción.

En el Cristianismo, la Realidad divina se manifestó a sí misma en la Persona de Jesús, en su vida, muerte y Resurrección. Esta fue una Revelación histórica única en el marco de una tradición también histórica y única, –con sus valores y limitaciones–. Jesús llegó en la culminación de un largo proceso histórico y llenó las expectativas de mucha gente al revelar el propósito final de Dios en sus vidas y en la historia humana en su totalidad. El nacimiento virginal de Jesús resultó el signo que indicaba el nacimiento de una nueva humanidad, que provenía, "no de los deseos de la carne o del hombre, sino de la voluntad de Dios"[8]. Sus milagros fueron señal de una "nueva Creación"[9], la transformación de la materia por el Espíritu, es decir, a través de la penetración de la conciencia. Su muerte y Resurrección significaron del tránsito del hombre por la muerte

---

8. Citado en *El Tao de la Física*, pág. 144.
9. Sabiduría de Salomón 1,7.

hacia una nueva vida del Espíritu, pasaje que el hombre deberá atravesar para "darse cuenta" de Dios. Su "descenso a los infiernos" y su "ascensión a los cielos", son los signos que indican la penetración del Espíritu en las profundidades del Inconsciente y el pasaje al estado de Super consciente –el "cuarto" estado dentro de la tradición hindú–, que está más allá de nuestro presente estado de conciencia, condicionado por el espacio y el tiempo. Entonces, su Segunda venida es la manifestación final de la Verdad, de la Realidad misma; el momento en que toda la Creación y toda la humanidad pasarán de su actual estado del Ser y conciencia a la Conciencia Total de la Realidad –el Ser, el Conocimiento y la Bendición de *Saccidananda*–.

Jesús, por lo tanto, sabía, en lo profundo de su Espíritu, que encarnaba al Hombre Nuevo, en el cual se revelaba el destino de la raza humana. Venció al Pecado, que había traído al mundo a una conciencia dividida y restauró la unidad original del hombre con Dios. En la Resurrección, el cuerpo y alma de Jesús fueron transformados por el Espíritu y por la total Realidad de Dios –el hombre y la naturaleza revelaron esta indivisible unidad–, una unidad que es al mismo tiempo física, psicológica y espiritual. Pero más allá de esto, Jesús revela algo más profundo en lo profundo de Dios. Jesús mismo sabía, en las profundidades de su espíritu, que era Hijo del Padre, y que participaba en el conocimiento de Dios y era el transmisor de sus bendiciones. No obstante, esto no era una mera identidad de Ser y Conciencia, sino una comunión de amor. El Padre ama al Hijo y el Hijo ama al Padre y ambos están unidos en el amor del Espíritu Santo, que es la expresión de su amor mutuo.

Esto, por supuesto, pertenece al lenguaje "mitológico", pero expresa una profunda verdad metafísica, a saber: que el mismo Ser no es solamente conciencia sino también amor, y que existe una relación en lo profundo de la Realidad. Al revelar su propia relación con Dios como su Padre en el amor del Espíritu, Jesús también revela cuál es el destino del hombre. Cada hombre está llamado a descubrir esta relación de Hijo de Dios en lo profundo de su Espíritu. A medida que atravesamos nuestra conciencia racional limitada y nos damos cuenta de lo profundo del Espíritu en nuestro interior, descubrimos este conocimiento y amor impenetrables que se abren en nuestro interior, que nos une a unos con otros y con la Creación a la luz de Dios. Ésta no es una identidad de ser sin distinción, sino más bien una comunión de amor, por la cual cada uno está "en" el otro, tal como lo expresó Jesús en su oración sacerdotal: "Yo en ellos y ustedes en Mí, para que seamos Uno."[10]

¿Cómo podemos entonces, a la luz de esta perspectiva, entender a la Iglesia? En este sentido, la Iglesia es la comunión de aquellos que están unidos por el amor del Espíritu en el conocimiento de la Palabra de Dios –la Verdad eterna–, y, a través de Él, retornar al Padre –la Fuente, el Origen y la Base de toda la creación–. Pero la Iglesia también tuvo un comienzo en el tiempo, como institución histórica. Cuando el Espíritu Santo descendió a los discípulos en Pentecostés, el poder del Espíritu que había transformado el cuerpo y el alma de Jesús en la Resurrección, fue comunicado a sus discípulos. Surgió una nueva conciencia, una conciencia más allá de la conciencia racional ordinaria, que liberó a los discípulos de las limitaciones de nuestra existencia y conciencia actual y les abrió el nuevo mundo de la Resurrección. La Iglesia es la comunidad de aquellos que han experimentado este nuevo nacimiento "en el Espíritu" y cuyas vidas fueron transformadas por esta experiencia. Esta circunstancia se ejemplificó muy bien cuando se relata que "eran todos un solo corazón y una sola mente"[11] y que vendieron todo lo que poseían y "tenían todo en común".[12] La nueva vida en el Espíritu influyó profundamente en el orden económico y social de la comunidad y tuvo el suficiente poder como para transformar la sociedad, pero permaneciendo escencialmente mas allá de las limitaciones humanas. La Iglesia fue desde el principio una comunidad "carismática", una comunidad del Espíritu. No obstante, la Iglesia primitiva ya tenía una organización primitiva. Jesús vio a sus doce apóstoles como la escencia del Nuevo Israel, el "Nuevo Pueblo de Dios". En las primeras comunidades, había una ceremonia de iniciación, seguida de una comida en común, en las cuales se compartía la nueva vida con Cristo. Esto fue lo que aparentemente dejó Jesús como forma primaria de organización. Con el correr del

---

10. Juan 1,13.
11. cf. 2 Corintios 5,17 y Gálatas 6,15.
12. Juan 17, 23.

tiempo, se fueron agregando nuevas ceremonias, y se designaron en las nuevas comunidades, "presbíteros" e "inspectores". Había una razón para ello: Jesús dejó a sus discípulos con la expectativa de que Él regresaría en unos pocos años –en vida de sus discípulos–, trayendo la "restauración final de todas las cosas". Ésta fue la óptica bajo la cual se redactó el Nuevo Testamento.

A Jesús no le importaba la "historia" de la Iglesia como institución, sino su Realidad trascendente. Jesús mismo disfrutó la nueva vida de la Resurrección y sus discípulos fueron llamados a compartirla. El desarrollo histórico de la Iglesia es secundario frente a la experiencia del Espíritu en la nueva vida de la Resurrección. Bajo esta perspectiva, el momento de la segunda venida de Cristo reviste poca importancia. Como dice la segunda Carta de Pedro, cuando se le cuestionó el tiempo de la venida de Jesús: "Mil años son un día a sus ojos."[13]

Creo que las Iglesias Cristianas deberían recobrar esta perspectiva del Nuevo Testamento, si pretenden ser significativas dentro del mundo de hoy. La Iglesia tiene su lugar en la historia de la humanidad; pero para la Iglesia, como para el mismo Cristo, la historia está subordinada a la Realidad trascendente de la vida en el Espíritu. La organización de la Iglesia como una comunidad humana es necesaria para su evolución histórica, pero pertenece al mundo de signos y apariencias, no al mundo de la Realidad Última. En el curso de la historia la organización de la Iglesia ha crecido de diferentes formas y ha expresado su fe en diferentes credos y fórmulas; pero toda esta actividad está sujeta a las circunstancias históricas y ninguna puede ser considerada final o definitiva.

Un católico puede creer que la evolución del Episcopado o del Papado, o que la elaboración de la doctrina y la vida sacramental de la Iglesia en los tiempos que siguieron, fueron obra del Espíritu Santo; pero no se puede negar que otras iglesias hayan sido también guiadas por el mismo Espíritu. La Iglesia es un organismo vivo y en crecimiento y, por lo tanto, la disciplina y la doctrina están permanentemente expuestas a la renovación y la reforma. Lo que si es fundamental en todas las Iglesias es por un lado, la fe común en Je-

---

13. Hechos 4,32.

sucristo como Señor y Salvador; que fue expresado simplemente por la Iglesia primitiva: "Jesús es el Señor"[14]; y por el otro, un bautismo común por el cual todos recibimos el perdón de nuestros pecados por la gracia del Espíritu Santo y formamos entonces parte del Cuerpo de Cristo. Esta es base común de fe entre todos los cristianos que fue sintetizada por San Pablo cuando escribió: "Un solo Señor, una sola Fe, un solo Bautismo, un solo Dios y Padre."[15] Esto solo es suficiente sustento para la unidad cristiana.

Pero mas allá de este hecho, deberemos ampliar nuestra visión de la Iglesia para incluir, no solamente a todos los cristianos sino también a todos aquellos que buscan sinceramente a Dios. Como ya hemos visto, Dios se revela en todos los tiempos a toda la gente en todas las circunstancias. No hay límite para la gracia de Dios revelada en Cristo. Cristo murió por los hombres de todos los tiempos, trayéndolos a un estado de comunión con Dios y con la Verdad y Realidad Eterna; para lo cual fueron creados. Este regalo de vida eterna le es ofrecido a todos los hombres sin excepción. Donde sea que el hombre encuentre a Dios, o a la Verdad, o a la Realidad, o al Amor, o cualquiera sea el nombre que le demos al misterio trascendente de la existencia –aun si se es ateo o agnóstico–, recibe la gracia de Dios en Cristo. Porque Cristo es la Palabra de Dios, la expresión del propósito salvador de Dios para toda la humanidad. Esa Palabra "ilumina a todo hombre sobre la tierra". Cada uno, ya sea en la vida o en la muerte es puesto, tiene en algún momento, contacto con esa Palabra, esa Verdad. Y el que responde a la Palabra se convierte en miembro de ese "cuerpo de humanidad redimida" que es la Iglesia. En un sentido amplio, podemos decir que cada ser humano es potencialmente un miembro de la Iglesia. La Iglesia es una sociedad abierta. Aquellos que por el bautismo y la fe, pertenecen a la Iglesia visible, no son un grupo exclusivo de "redimidos", sino más bien un signo o sacramento de salvación, es decir, manifiestan en ellos el propósito salvador de Dios a toda la Humanidad.

Pero la cuestión sigue vigente: ¿hay quienes no consiguen la salvación? Las iglesias cristianas siempre han sostenido que el castigo eterno espera a aquellos que rechazan a Dios. ¿Qué podemos decir

---
14. Hechos 3,21.
15. 2 Pedro 3,8.

de esto? Por supuesto, el lenguaje que usa el Nuevo Testamento en relación al cielo y al infierno es mitológico. El mismo Jesús habló de ellos siempre en parábolas, y en realidad no puede usarse adecuadamente ningún otro lenguaje, ya que el cielo y el infierno son nombres que se aplican para estados últimos, más allá de nuestra forma presente de conciencia y de comprensión. ¿Pero que se quiere significar con este lenguaje? Debemos tener claro en primer lugar, que este estado último está más allá del tiempo y del espacio.

Por lo tanto no puede haber sufrimiento y felicidad en un espacio de tiempo ilimitado. La Eternidad es un momento sin tiempo y sin espacio. Es la total realización del ser en la pura conciencia en un estado de absoluta bendición. Pero fuera de este estado encontramos un último "no ser". El pecado y el demonio, como los conocemos, son el efecto de una conciencia dividida, y por lo tanto, una conciencia condicionada al espacio y al tiempo. Dicha conciencia no puede ser eterna; pertenece escencialmente a este mundo de devenir y cambio. El infierno no puede ser más que la pérdida de Dios, la perdida del alma, el fracaso de "ser". Últimamente, existe solo una Realidad, un Ser, una vida eterna y una Verdad. Darse cuenta de esta Verdad Eterna es la vida eterna; no poder percibir esta Verdad, que es la verdad del ser, implica "no ser". No existe ser fuera de Dios. Esto por lo menos, podría ser una posible interpretación del significado del cielo y la tierra, pero cuando hablamos del "estado último" estamos hablando de un misterio que no puede ser expresado apropiadamente, ya que todo lenguaje se nos hace defectuoso. Pero al menos, podemos descartar de nuestra mente todo pensamiento que implique sufrimiento sin fin en el tiempo.

Cuando mis amigos y yo llegamos a rechazar la revolución industrial, encauzando nuestras vidas en forma más simple; en realidad estábamos buscando ciegamente un escape del mundo en el cual habíamos crecido, intentando descubrir una forma de vida más natural. Pero, con el paso del tiempo, el rechazo al actual sistema de vida se ha generalizado en todo el mundo. Estamos en la búsqueda de una "sociedad alternativa", una forma de vida más natural y humana, opuesta tanto a los sistemas capitalistas como comunistas.

Yo mismo fui arrastrado al descubrimiento de la religión y del cristianismo en la búsqueda de sentido de mi propia vida; hasta que finalmente encontré, en la vida monástica, una forma de vida alternativa. Pero creo que, tanto la religión como el Cristianismo están hoy atrapados dentro del presente sistema, y hasta ahora han fracasado en el intento de ofrecer una forma de vida que se adapte a lo que la gente está buscando.

Siento que estamos en una situación muy parecida a la que se vivió durante el Imperio Romano en el siglo IV después de Cristo. En esa época, el cristianismo era floreciente. Los Concilios de Nicea y Constantinopla habían sentado las bases de la Doctrina Cristiana que prevalecería durante los siguientes mil años. En esa época la Iglesia fue organizada en base a un sistema de gobierno que ha sobrevivido hasta el presente. Hubo grandes santos y doctores de la Iglesia, que permanecen como ejemplos de sabiduría y santidad y que aún hoy constituyen una fuente de inspiración. Pero no obstante, la civilización del Imperio Romano, no sobrevivió. Se podría pensar que le espera la misma suerte al actual sistema. Para el final de este siglo comenzarán a escasear los recursos naturales, de los cuales depende toda nuestra estructura organizativa, y esto sin duda traerá un cambio fundamental en nuestro actual modo de vida. La búsqueda de una forma alternativa de energía puede ser determinante para el futuro de nuestra civilización. Si se elige la energía nuclear, corremos el riesgo de que nos lleve a la destrucción del mundo, aunque no sucederá lo mismo si se intentan utilizar los recursos naturales de energía como el sol, el agua y el viento.

Pero cualquiera sea el destino del mundo, es verdaderamente necesario encontrar una forma de vida que haga posible sobrevivir a todas esas posibles catástrofes. En el Imperio Romano, fue la vida monástica la que evitó mayores catástrofes. Fueron los monjes los que se retiraron a los desiertos de Egipto, Palestina y Mesopotamia, y fundaron un estilo de vida basado en la oración y el trabajo en condiciones de extrema pobreza y simplicidad, y fueron ellos los que sobrevivieron al colapso del Imperio, y finalmente fueron sus enseñanzas y ejemplo los que posibilitaron a la creación de monasterios por toda Europa. Es probable que sea allí en donde podamos encontrar los fundamentos de una nueva civilización.

En nuestros días asistimos a un renacer de la vida monástica a escala mundial. Se han creado comunidades en Asia, África y Sudamérica, como así también en Europa y Norteamérica. Muchas de ellas están demasiado involucradas en el presente sistema industrial y no ofrecen verdaderas alternativas en cuanto a una nueva forma de vida, pero muchas otras están buscando adaptarse a los problemas del Tercer Mundo. La esperanza del futuro parecería asentarse en las pequeñas comunidades, algunas veces asociadas con una comunidad mayor, que están surgiendo por todo el mundo. Están formadas por grupos de hombres y mujeres, casados o solteros, que están en la búsqueda de un nuevo estilo de vida en armonía con la naturaleza y con la ley interior del Espíritu. Estas comunidades cruzan todas las barreras de raza o religión y son la expresión de la urgencia del ir más allá de los sistemas económicos, políticos y religiosos y abrir un camino diferente para el hombre. Guardan cierta similitud con los monasterios de la Edad Media, y contienen una semilla que gradualmente transformará la sociedad y hará posible una nueva civilización.

Es a ese tipo de comunidad a la que me ha llevado, al final de mi vida, el Hilo Dorado. Este hilo fue puesto en mis manos cuando aún era un niño y me condujo primero al descubrimiento de Dios, luego al descubrimiento de Cristo y la Iglesia. Yo creía entonces que había arribado al final de mi viaje, por lo menos en este mundo; pero luego ese mismo Hilo Dorado me condujo a la India y a un entendimiento completamente diferente del mundo que se abría ante mis ojos. En cada etapa de mi viaje, he sido consciente de que no era yo el que dirigía mi camino, sino que algo me estaba guiando. Hoy he llegado hasta un punto en que me he convertido en un *"sannyasi"*. Un Sannyasi es alguien que renuncia al mundo para buscar a Dios, pero su renuncia va mucho mas allá de lo que se entiende por "mundo". Un Sannyasi es alguien que renuncia no sólo al mundo en el sentido bíblico del mundo del pecado, ese mundo que tan claramente hoy va hacia su propia destrucción. El Sannyasi renuncia además a todo el mundo de los "signos" y de las apariencias.

El mundo estudiado por la ciencia, el mundo de la política y la economía, el mundo de la vida social y cultural, el que la mayoría de la gente toma por "realidad", es un mundo de apariencias sin una realidad última. Todo transcurre y pasa sin detenimiento. La Iglesia también pertenece a este mundo de "signos". Las doctrinas y sacramentos de la Iglesia son expresiones humanas o signos de la Realidad Divina, que también están destinados a desaparecer. De manera que Cristo mismo es el "sacramento" de Dios; él es el signo de la Gracia y Salvación de Dios, de la presencia de Dios entre los hombres; y este signo también pasará, cuando la Realidad, la "cosa significada" sea revelada. Finalmente Dios mismo, de la forma que pueda ser nombrado; ya sea Yaveh o Alá, o simplemente Dios, es un signo, un nombre para significar la Última Verdad, que no puede ser nombrada. De esta manera, el Sannyasi es llamado a ir más allá de toda religión, más allá de toda institución humana, más allá de toda Escritura o Credo, hasta su encuentro con lo que verdaderamente significa toda religión, pero que no puede ser nombrado. En cada religión, ya sea Cristiana, Hindú, Budista o Musulmana, se ha reconocido que la Última Realidad no puede ser nombrada. El Sannyasi es aquel que es llamado a ir más allá de toda religión para alcanzar esa última meta.

Cuando decimos que el Sannyasi va más allá de toda religión, no queremos significar que rechaza ninguna religión. No me he sentido impulsado a rechazar nada de lo que he aprendido de Dios, de Cristo o de la Iglesia. Ir más allá del signo externo no es rechazarlo, sino que es alcanzar la cosa significada. En palabras de Santo Tomás de Aquino, es "pasar del *sacramentum* a la *res*". Mientras permanezcamos en este mundo necesitamos de los signos, y el mundo de hoy no podrá sobrevivir si no "redescubre" los signos de la fe, el Mito, el Símbolo mismo, en donde está custodiado el conocimiento de la Realidad. Pero igualmente negativo es quedarnos en el signo, confundir el signo con la Última Realidad. Es esto lo que predispone a una religión contra otra y divide a los cristianos entre ellos, separándolos también de la gente de otras religiones. Esto es, en esencia, idolatría. La Biblia, o la Iglesia o cualquier dogma o credo, puede transformarse en un ídolo más fuerte que cualquier imagen esculpida, si olvidamos que pertenecen al mundo de los signos y apariencias. El Sannyasi es alguien que es llamado a ser testigo de esta Verdad de la Realidad más allá de los signos, y es él mismo el signo de lo que está más allá de los signos.

Pero al decir esto, hemos admitido que un Sannyasi, a pesar de ser testigo del mundo más allá de los signos, pertenece él mismo a este mundo de los signos. Para ser veraz en su vocación, también él deberá desaparecer, como el mismo Jesús –el gran Sannyasi– desapareció luego de la Resurrección. Él se mostró a sus discípulos luego de su Resurrección, hablándoles del Reino de Dios[16] para luego desaparecer. Sólo cuando Él partió, pudo bajar el Espíritu. Como Jesús mismo dijo: "Es para el bien de ustedes que yo me vaya, porque si no me voy, el Espíritu no vendrá."[17] Al igual que el Maestro, el discípulo debe desaparecer. "A no ser que el grano de trigo muera, no podrá dar fruto."[18] Tenemos que morir para poder vivir. Un "Ashram" es sólo un lugar de paso, en el cual un Sannyasi puede vivir por un tiempo –o "todo" el tiempo–, pero siempre está viajando más allá del tiempo hacia la Eterna Realidad. De la misma manera, cada Iglesia, cada religión, cada comunidad humana, es sólo un lugar de paso, un carpa enclavada en esta tierra para peregrinos, en su viaje a la Ciudad de Dios.

He dicho[19] que los dogmas y sacramentos de la Iglesia son las "paredes de Jerusalem", la Ciudad de Dios, y que la fe es la puerta por la cual entramos en la ciudad. Pero una vez que hemos entrado en la ciudad no hay más paredes ni portones, porque la misma fe debe pasar. La Ciudad no tiene límites de espacio y tiempo. Todo está contenido en ella: tanto el cielo como la tierra, el aire como el fuego, el sol como la luna, y todo lo que hay en el mundo[20], pero no ya dividido por el pecado y la ignorancia, ni limitado por el espacio y el tiempo, sino todo cumplimentado en la Realidad Única, que es pura Conciencia, la conciencia del Logos eterno[21] y bendición sin fin, la bendición del Espíritu Santo, que es amor, paz y gozo.[22]

---

16. 1 Corintios 12,3.
17. Efesios 4,5-6.
18. Hechos 1,3.
19. Juan 16,7.
20. Juan 12,24.
21. Epílogo de *El Hilo Dorado*.
22. Chandogya Upanishad 8,I,3.

Hay mucha gente que hoy piensa que el Reino de Dios se cumplirá en este mundo, que la paz será instaurada en la tierra y que el género humano gozará de felicidad sin fin. Esto es una ilusión. Es un gran "maya", que engaña al mundo y encubre la verdad. Surge de una negación a aceptar la muerte. Para aquellos que buscan la felicidad en este mundo la muerte es un final, un límite que no puede ser traspasado. Pero para aquellos que esperan morir, la muerte es una entrada a la vida eterna.

El mundo nuevo que buscamos, es el mundo de la Resurrección. Pero este mundo está ya presente entre nosotros. El Reino de los Cielos está a tu lado[23]. La muerte es el gran camino a una nueva conciencia, una conciencia que está más allá de los sentidos y más allá de la mente, abierta a lo eterno e infinito. Podemos solo tener destellos de esta realidad durante nuestra vida, pero como dijo Jesús: "Las cosas antiguas han pasado. Manténganse atentos, yo haré a todas las cosas nuevas."[24]

---

23. Juan 1: de acuerdo con una lectura "Todo lo que fue hecho, estaba vivo en Él".
24. Gálatas 5,22: "Los frutos de Espíritu son éstos, amor, paz y gozo...".

Capítulo II
La revelación védica

I. EL MITO VÉDICO: LA VISIÓN CÓSMICA

Ya he dicho anteriormente que desde mi llegada a la India he sido llevado, de una forma extraña, a repasar el sendero de *"El Hilo Dorado"*. Mi despertar al misterio de la existencia me llegó a través de la experiencia de la belleza de la naturaleza, tal como lo describí en el capítulo introductorio de *"El Hilo Dorado"*, mi autobiografía. Esta experiencia había sido expresada e interpretada para mí por los escritos de los poetas románticos Wordsworth, Shelley y Keats. Wordsworth me enseñó a encontrar en la naturaleza la presencia de un poder que penetra tanto al universo como a la mente del hombre. Shelley, por su parte, abrió mis ojos a la idea platónica de un mundo eterno, siendo el mundo que vemos un pálido reflejo de ese otro mundo. Keats puso ante mí los valores "de la santidad de los afectos del corazón y la verdad de la imaginación". Estas no fueron para mí sólo ideas abstractas sino principios vivos que influyeron en mí durante muchos años y que traté de comprender a partir de una filosofía razonada de la vida.

Sin embargo, cuando vine a la India, estas ideas tomaron nuevo impulso. Descubrí que lo que en Europa había sido la inspiración intuitiva de algunos poetas, en la India formaba parte de la fe comunitaria desde hacia cientos de años. Ese poder que penetra el universo y la mente del hombre, se había revelado con una profundidad maravillosa en la época de los Vedas, cientos de años antes del nacimiento de Cristo. En la mente occidental, el "mundo eterno" de Platón, era solamente un reflejo de la profunda intuición que poseían los sabios videntes de los Upanishads. Por sobre todo, descubrí que la "verdad de la imaginación" de la que hablaba Keats, era en la India, una verdad primordial, una verdad que nos lleva a las raíces mismas de la experiencia humana. La mente occidental de los tiempos de Sócrates y Platón se había concentrado en el desarrollo del pensamiento abstracto y racional que fue el que posteriormente elaboró los grandes sistemas teológicos de la Edad Media y los logros de la ciencia y la filosofía modernas. Pero la India, desde el principio, fue nutrida por la verdad de la imaginación, la verdad primordial, que no es abstracta sino concreta, que no es lógica sino simbólica, que no es racional sino intuitiva. Así fue que llegué al redescubrimiento de la verdad que el mundo occidental ha perdido y que hoy busca recobrar desesperadamente.

Los Vedas, que contienen el germen de toda la evolución posterior del genio hindú, tomaron probablemente su forma actual en el segundo milenio antes de Cristo, pero sus raíces se remontan a tiempos más antiguos, que nos llevarían hasta los primeros tiempos del habla humana. Tal vez en ninguna otra cultura pueda uno observar el proceso completo de la evolución humana, desde su expresión primaria hasta el discurso poético más elaborado y la más profunda filosofía. A los Vedas se los conoce como *sruti*, "eso que fue escuchado". No son solamente el producto del ingenio humano sino de una revelación, es decir un "descubrimiento" de la verdad. También se los denomina *nitya*, es decir "eterno", es decir que no provienen de este mundo de tiempo y cambio, sino que son reflejos de lo eterno. Finalmente, se dice que son *apauruseya*, "sin autoría humana", son la expresión de la palabra eterna, el *Vac*. Los autores humanos son los *rishis*, aquellos que han "visto" la verdad y los poetas (*kavi*), aquellos cuya capacidad de hablar fue inspirada. Esto nos indica, como en tiempos antiguos, el discurso –la palabra– era tomado como algo divino, un regalo de Dios y los poetas eran aquellos que tenían el don de la palabra inspirada por Dios.

---

1. Giambattista Vico (1688-1744), autor de *La ciencia Nueva* (*Scienza Nuova*),

    parece haber sido el primer filósofo europeo que se dio cuenta de la importan-

La palabra humana fue originariamente poética; tal como escribió Vico[1]: "La poesía es la actividad primaria de la mente humana. Antes de que el hombre llegara a la etapa de elaborar formas universales de ideas imaginarias; antes de que pudiera articular palabras, cantaba; antes de hablar en prosa, hablaba en verso; antes de usar términos técnicos, usaba metáforas."

Es difícil para el hombre moderno con su forma prosaica de pensamiento, darse cuenta de que la poesía es más natural a la condición humana que la prosa, aunque toda la evidencia histórica lo demuestre. Y esto se hace más evidente cuanto más nos remontemos en el tiempo. La literatura de la India, comienza con los himnos de Rig Veda y la de Grecia con los poemas de Homero. La misma Biblia tiene tanta prosa como poesía, y sus estratos más antiguos son todos poéticos. Las razones para esto son obvias. La poesía es la expresión de la totalidad del hombre. Expresa no solamente su mente sino también sus sensaciones, sus sentimientos, sus "afectos del corazón". Es por eso que la imaginación –como lo entendieron tan bien Wordsworth, Coleridge y Keats– es la llave para alcanzar la comprensión humana. La imaginación es el nexo entre la mente y el corazón, entre el intelecto y los sentidos, entre el pensamiento y los sentimientos. El hombre moderno ha roto ese nexo, ha creado un mundo de ciencia y razón, cuyo lenguaje es la prosa, separándose de las fuentes de la vida que se encuentran en la imaginación y que es el lenguaje del corazón.

El hombre antiguo, es decir el hombre desde los tiempos más antiguos hasta el primer milenio antes de Cristo (y aun después de esa época en gran parte del mundo, hasta nuestros días), vivía en el mundo de la imaginación, es decir el mundo de la totalidad integral. La expresión suprema de este mundo de la imaginación, era el Mito[2]. El Mito es una manifestación simbólica que surge de los ni-

---

cia y significado del mito y la poesía.
   2. La gran autoridad sobre Mitos hoy es Mircea Eliade. Ver especialmente:
   -*Mitos, Sueños y Misterios* (*Myths, Dreams and Mysteries*) traducción inglesa publicada por Harvill Press en 1960;
   -*Imágenes y símbolos* (*Images and symbols*) traducción inglesa por Harvill Press en 1961;
   -*El Mito y la Realidad bajo la perspectiva del mundo* (*Myth and Reality in*

veles profundos de la conciencia, que se encuentran por debajo de la conciencia racional. La mente racional, con sus conceptos abstractos y construcciones lógicas, es como la punta de un iceberg: ya que por debajo de la superficie encontramos vastos niveles de conciencia que ligan nuestra naturaleza humana con el universo que nos rodea y con los arquetipos o principios trascendentes que gobiernan el Universo. El Mito es el reflejo en la imaginación humana, de esas ideas arquetípicas, de esos principios y poderes cósmicos, que en el mundo antiguo eran conocidos como ángeles y dioses.

A través del Mito, el hombre antiguo tomó contacto con este mundo de dioses y con la Fuente Trascendente, tanto de los dioses como de los hombres. Al mismo tiempo, el Mito tomó forma en la imaginación del hombre, comprometiendo todos los poderes de su ser: su intelecto y voluntad, sus sentimientos y afectos, sus sentidos y la totalidad de su ser físico. En otras palabras, el Mito fue el medio que le posibilitó su total integración con el universo que lo rodeaba, con su propia experiencia interior, y con el mundo trascendente del espíritu.

Parecería exagerado acreditarle al hombre primitivo esta conciencia elevada, pero no obstante, todas las evidencias del mito y la poesía de la antigüedad confirman la existencia de esta primitiva experiencia. Yo mismo recibí esta experiencia interior cuando, siendo estudiante universitario, C. S. Lewis me prestó un libro escrito por su amigo Owen Bartfield sobre *Dicción Poética*[3]. Nunca he vuelto a consultar este libro pero dejó una impresión imborrable en mi mente. Bartfield demostró que una palabra como "espíritu" (en latín *spiritus*, en Griego *Pneuma*, en Hebero *ruah*, y uno podría agregar en Sánscrito *Atman*), tenía originariamente muchos significados. Podía significar "viento", "aire", "respiración", "vida", "alma" o "espíritu". Una comprensión simple de este fenómeno nos indica que esa palabra significaba originariamente "viento" o "aire"; cuando se tomó conciencia más adelante de la conexión existente entre "respiración" y "aire", y entre "vida y "respiración", y entre "alma" y "vida" el hombre evolucionó gradualmente en su comprensión hasta que alcanzó a concebir a un

---

World Perspectives), publicado por Allen and Unwin en 1963.

espíritu supremo universal.

Bartfield pudo demostrar que esta perspectiva no tiene base en la realidad. Estas palabras, como fueron utilizadas originariamente, contenían todos estos significados sin distinción. Es por eso que el lenguaje primitivo, y por ejemplo el lenguaje de los Vedas, es tan increíblemente rico en significados. El hecho es que en el lenguaje primitivo, una palabra contiene una multiplicidad de significados. La imaginación, que es la facultad del pensamiento primitivo, se expresa a sí misma en símbolos (literalmente, de acuerdo con los griegos, aquello que es "modelado junto") que reflejan esta multiplicidad de significados en una sola palabra. Dicho de otro modo, el pensamiento primitivo es intuitivo, comprende la totalidad en cada una de sus partes. La mente racional viene después y distingue todos los diferentes aspectos de la palabra y separa sus diferentes significados. Estas son las dos facultades básicas de la mente: la intuitiva que comprende la totalidad pero no distingue sus partes, y la racional que distingue sus partes pero no puede comprender la totalidad. Ambas fuerzas son necesarias para el funcionamiento de la mente humana. La intuición sin la razón es ciega, es profunda y abarcativa pero confusa y oscura. La razón sin la intuición es vacía y estéril, construye sistemas lógicos que no tienen base en la realidad.

En los Vedas se da un maravilloso encuentro entre la mente racional y la intuitiva. Ambas están profundamente arraigadas en el mundo del mito, pero la mente racional ya ha comenzado a descartar todos los significados complejos de las palabras y a integrarlos en una visión cósmica. Le debemos a Sri Audobindo –en la *Historia de Pondicherry*–, la comprensión del simbolismo complejo de los Vedas[4]. Durante muchos siglos, su significado profundo se había perdido, y por lo tanto, eran interpretados con una gran crudeza literaria. Pero Sri Aurobindo pudo mostrar que existía un profundo sentido psicológico que sostenía el sentido físico exterior. Los videntes védicos habían alcanzado una comprensión de las tres naturalezas en las que se desplegaba del mundo: la física, la psicológica y la espiritual. Estos tres mundos eran concebidos como in-

---

3. *Dicción Poética* por Owen Bartfield. Segunda edición de Faber & Faber, 1952.

terdependientes; teniendo cada realidad física su aspecto psicológico, y ambos aspectos –físico y psicológico–, integrados en una visión espiritual. Las vacas y los caballos de los Vedas no eran meramente vacas y caballos físicos, eran también las vacas y los caballos de la mente, es decir fuerzas psicológicas, y más allá de ello, eran símbolos de los poderes cósmicos, manifestaciones del Espíritu Supremo.

Esta comprensión de la triple naturaleza del mundo sostiene, no solamente a los Vedas sino a todo el pensamiento antiguo. En la mente primitiva (que es también la mente natural), no existe algo parecido a un objeto puramente físico. Cada cosa material tiene su aspecto psicológico, una relación con la conciencia humana; y esto en cambio está relacionado con el Espíritu Supremo que penetra tanto el mundo físico como la conciencia humana. Es interesante observar cómo la ciencia occidental se está acercando hoy a la visión oriental del universo, que es, en realidad, la perspectiva de la "filosofía perenne": la visión cósmica, que es común a todas las tradiciones religiosas, desde las religiones tribales más primitivas hasta las grandes religiones del mundo, como el Hinduismo, el Budismo, el Islamismo y el Cristianismo.

La visión del universo sobre la que se ha construido la ciencia occidental; que concebía a la materia como sustancia sólida extendida en el espacio y el tiempo y a la mente humana como un observador separado, capaz de examinar y describir el universo y por lo tanto ganando control sobre él; ha sido ahora destruida por la misma ciencia. El modelo newtoniano de un mundo de cuerpos sólidos moviéndose en el espacio y en el tiempo, ha sido reemplazado por el modelo de la relatividad y de la física cuántica, en el cual la materia es vista como una forma de energía y el universo como un campo de energías, organizado en el espacio-tiempo, de manera de formar un todo unificado e interdependiente.

Esta perspectiva se acerca mucho a la visión budista de la "insubstancialidad" (*anatman*) del universo y al carácter dinámico de los elementos (*dharmas*) como partes constantemente cambiantes de un todo organizado. Pero la ciencia occidental ha sido arrastrada a ir más allá de esto, hasta reconocer que la mente humana como observadora está ya involucrada en aquello que observa. Lo que observamos no es la realidad en sí misma, sino la realidad condicionada por la mente humana, los sentidos y los varios instrumentos que son utilizados para extender los sentidos. Lo que observamos, como dijo Heisenberg, no es la naturaleza misma sino la naturaleza expuesta a nuestro método de cuestionamiento[5]. La vieja comprensión de la ciencia está gradualmente dando lugar a la visión de que la "conciencia y la realidad física (o realidad empírica) deberían ser consideradas como aspectos complementarios de la realidad"[6].

Entonces, se está generando de modo silencioso una revolución en la ciencia occidental, que está comenzando a redescubrir lentamente la tradición antigua de la sabiduría, de acuerdo con la cual la mente y la materia son aspectos interdependientes y complementarios de una realidad única. El mismo proceso puede observarse en el campo de la medicina occidental, en donde gradualmente se está tomando conciencia de que todas las enfermedades son psicosomáticas y que el cuerpo humano no puede ser tratado de forma adecuada, si se lo separa de su alma.

Por lo tanto, estamos recobrando lentamente el conocimiento que era universal en el mundo antiguo: la no existencia de materia separada de la mente o de la conciencia. La conciencia está latente en cada partícula de materia y el orden matemático que la ciencia descubre en el universo se debe al trabajo de esta conciencia universal en él. En la naturaleza humana, esta conciencia latente comienza a hacerse consciente y a medida que la conciencia humana evoluciona, es más consciente de esa conciencia universal sobre la que está sustentada. Así es como comenzamos a descubrir las tres naturalezas del universo Védico. El aspecto físico de la materia (*Prakriti*) –el principio femenino, a partir del cual todo evoluciona–, y la conciencia (*Purusha*) –el principio masculino de la razón y el orden dentro del universo–. Esto se corresponde con el Yin y el Yang de la tradición china y con la materia y la forma de la concepción de Aristóteles. Más allá del Yin y el Yang, más allá de la materia y la forma, está el Supremo Principio, el fundamento del Ser, el Gran Tao, desde donde todo proviene y que todo lo penetra. Den-

---

4. *Sobre los Vedas* (*On the Vedas*) por Sri Aurobindo. Publicado por Aurobindo Ashram, Pondicherry.

tro de la Tradición Védica estos dos principios fueron concebidos como el cielo y la tierra, y toda la creación comenzó a existir a partir de esta unión.

Estos dos principios, que pueden ser encontrados en toda la filosofía antigua, no son menos importantes dentro de la doctrina cristiana. Santo Tomás de Aquino –que construyó su sistema filosófico sobre una base aristotélica– se refirió a la "forma" y a la "materia" de Aristóteles como los principios básicos de la naturaleza. De acuerdo con esta filosofía, la materia es pura "potencialidad" mientras que la forma es el principio de actualidad. La pura materia o "materia prima" –como la llama Aristóteles– no existe en realidad. Es más bien un principio metafísico esencial a todo ser físico. La materia, como la conocemos, es una combinación de forma y materia, o de acto y potencia. En todo objeto físico existe una forma, una estructura, un poder organizador o energía activa; y también por un principio material, una energía pasiva, una potencialidad del ser, que es actualizada por la forma.

Es difícil percibir este principio de potencialidad precisamente porque no es visible ni inteligible en sí mismo; debido a que la forma es el principio de la inteligibilidad como así también de lo físico. Solamente puede ser visualizado en relación a la forma que lo hace visible. Se lo puede comparar con un vientre, una oscuridad, una capacidad de ser, al cual la forma le proporciona vida, luz y realidad. Es el caos, el "tohu" y "bohu" del Libro del Génesis. Es la fuente del flujo, del cambio, de esa indeterminación que la ciencia descubre aun en el átomo. Esto es lo que en la tradición hindú llama *maya*, que Sankara describió como "ni ser ni no ser"[7]. Es el elemento irracional dentro de la existencia, lo sin sentido, lo absurdo. No obstante, este principio no es malo en sí mismo. Es en sí mismo pura potencia, pura capacidad de ser, y como tal tiene cierta clase de pureza, una inocencia y simplicidad que existe en el corazón de la creación.

Este principio por supuesto, no es, meramente físico sino también un principio psicológico, ya que lo físico y lo psicológico son dos as-

---

5. Citado en *El Tao de la Física*, pág. 144.
6. Bernard D'Espagnat en *Fundamentos Conceptuales de la Mecánica Cuán-*

pectos de una misma realidad. Es la base del inconsciente en el hombre. Más allá de todos los niveles de la conciencia humana –mental, imaginativa, emocional y física–, existe un fundamento del inconsciente, una fuente primitiva, un vientre de oscuridad, del cual fluye toda la vida y la conciencia. Es el mundo al cual entramos durante el sueño profundo, lo que la doctrina hindú llama *Sushupti*, –el estado del ser más allá de los estados de sueño y vigilia–. Es la fuente de la irracionalidad, de aquellas violentas contradicciones de la naturaleza humana, de la insanía que nos inunda. De todas maneras, no es ni insana ni irracional en sí misma; adquiere estas características solamente en su asociación con la salud y la razón. En sí misma, como se ha dicho, posee cierta pureza e inocencia. Es pura receptividad, que es el aspecto femenino del alma humana. El aspecto masculino es activo y comunicativo, el aspecto femenino es pasivo y receptivo. Lo femenino tiene sus raíces en el inconsciente, en la oscuridad del vientre, y es la fuente de la inestabilidad y el cambio, similar a la luna creciente y menguante; lo masculino es la fuente de la estabilidad y el orden y tiene su fuente en la luz, como el sol. No obstante, ambos principios son necesarios para la existencia (sin el principio femenino no existiría la infinita variedad de la naturaleza, la luz blanca del sol jamás podría quebrarse en la multiplicidad de colores del arco iris).

Es más, estos dos principios tienen su fuente en el Espíritu Supremo mismo. Aquel que está más allá de todo cambio y multiplicidad se manifiesta a sí mismo eternamente en estos dos principios. *Purusha* es el principio activo dentro de la Divinidad, manifestándose a sí mismo como luz, vida e inteligencia; *Prakriti* es el principio femenino, que en la Divinidad es *Sakti*, el poder o energía divina. Dentro de la tradición cristiana se ha reconocido muy poco el aspecto femenino de Dios. No obstante, Dios es Padre y Madre, y este hecho ha sido siempre reconocido dentro de la tradición oriental.

Es un hecho que, en la Biblia, el nombre para el Espíritu (*ruah*) es femenino y que en la tradición siria posterior –que preservó el mismo nombre– se hablaba del Espíritu Santo como Madre. También existe en el Antiguo Testamento la tradición de una Sabiduría femenina (en hebreo *hochmah*, en griego *Sophia*, en latín *Sapientia*), que revela un aspecto femenino en Dios. Puede ser posible entonces, ver el aspecto femenino de Dios en la Trinidad en el Espíritu Santo. La fuente de la Trinidad es tanto el Padre como la Madre; el Hijo o Palabra es el principio activo de la inteligibilidad, la fuente del orden en el universo; el Espíritu Santo es el principio femenino de receptividad, una infinita capacidad para amar, que recibe perpetuamente el fluir del Amor a través del Hijo, y lo devuelve a su fuente en el Padre.

La comprensión védica del misterio de la existencia es revelada en el Mito Védico[8]. Este mito se centra en el Sol como fuente de luz. Pero el Sol en los Vedas no es meramente un cuerpo físico que brinda luz a los ojos. Es una fuerza cósmica que también ilumina la mente. Los dioses (*devas*) de los Vedas son los "poderes cósmicos" de San Pablo[9]. Son los que, tanto la tradición árabe como la griega denominaron "inteligencias" que gobiernan el universo. Dentro de la teología de Santo Tomás de Aquino, se los concibe como ángeles a través de los cuales se mantiene el orden en el mundo. En los Vedas, estos "dioses" son todos concebidos como nombres y formas (*nama-rupa*) de ese "único ser" (*ekam sat*) del cual deriva la totalidad del universo, tanto material como espiritual. El Sol, por lo tanto, es un dios en este sentido: la fuente de lo intelectual no menos que la luz real. Es a él; bajo el nombre de *Savitri*, a quien está dirigido el Gayatry Mantra –el más sagrado verso de los Vedas–: "Meditemos en el glorioso esplendor de esa luz divina (*Savitri*). Que Él nos ilumine en nuestra meditación."

En el Mito Védico existe un permanente conflicto entre la luz y la oscuridad. La oscuridad está representada por *Vritra*, el mounstro primigéneo, que detiene las aguas de la vida y esconde la luz del sol. Él representa la oscuridad primitiva del inconsciente, concebida como una caverna rocosa dentro de la cual se ocultan las Vacas del Sol. Las mismas vacas, por extraño que parezca, son símbolos de la luz. Son llamadas las Vacas del Amanecer y representan los ra-

---

tica.

7. Comentario de Shankara en los Brahma Sutras: "Una apariencia del ser, sin origen, inexpresable en términos de ser o no-ser."

8. El estudio más profundo que conozco sobre el Mito Védico y sobre el significado de la Revelación Védica es un trabajo de Jeanine Miller: *Los Vedas* (*The Vedas*). Rider, 1974.

yos del sol, de manera que el amanecer puede ser descripto como la "liberación de las vacas de su encierro". Pero estos rayos de luz no son solamente de luz terrestre, son la luz de la mente, y entonces la búsqueda de los *rishis* en los Vedas, es una búsqueda de la iluminación de la mente. En otros lugares, los poderes de la oscuridad son llamados *Panis*, y su jefe es llamado *Vala*. Puede muy bien ser que estas fuentes de oscuridad representen lo oscuro –el pueblo dravidiano, que era enemigo de los blancos arios–, o también pueden representar las oscuras nubes tormentosas que retienen la lluvia; y esto nos habla del múltiple simbolismo de los Vedas. Todo tiene al mismo tiempo un significado físico y psicológico, incluyendo también lo social, y por detrás de todos los símbolos está la Realidad Suprema única manifestándose a sí misma en todos los niveles de existencia.

Es esta la visión del universo que necesitamos recuperar. La mente occidental ha partido al mundo en dos mitades: consciente e inconsciente, mente y materia, alma y cuerpo; mientras que la filosofía occidental se balancea entre estos dos extremos de materialismo e idealismo. Esto es producto de una disfunción de la mente, una esquizofrenia, que se desarrolló en el hombre occidental a partir del Renacimiento, cuando se perdió la visión de unidad que había prevalecido en la Edad Media. Esta visión medieval, ya no es, en otros aspectos, adecuada. El hombre occidental deberá recobrar ese equilibrio perdido, redescubriendo la perspectiva del mundo antiguo, la filosofía perenne, que está completamente desarrollada en la Vedanta y en el Budismo Mahayana, como así también implícita en todas las otras religiones ancestrales. Bajo esta perspectiva del mundo, los tres principios: materia, mente y espíritu se interpenetran unos a otros. Lo que permite que los percibamos separados unos de otros, que imaginemos un mundo exterior a nosotros en el espacio y en el tiempo y que la mente sea algo separado del mundo exterior es solo una limitación de la mente humana meramente racional. En realidad, el mundo que vemos es un mundo que ha sido penetrado por nuestra conciencia; es el mundo como se refleja en la mente humana. Pero más allá de la mente y la materia, existe todavía un principio posterior del Espíritu que interpenetra tanto la mente como la materia, y que es la fuente tanto de la energía como de la conciencia.

La comprensión del hombre como cuerpo, mente y espíritu la encontramos en San Pablo[10] y en los primitivos Padres de la Iglesia, aunque –lamentablemente– esta concepción fue desplazada más tarde por la concepción del cuerpo-alma de Aristóteles. Pero en la India esta triple concepción se ha mantenido a través del tiempo. El hombre tiene un cuerpo, un organismo físico, una estructura de energías, que forman parte del universo físico. Tiene un organismo psicológico, que consiste de apetencias, sentidos, sentimientos, imaginación, razón y deseo; que forma su personalidad y que a su vez está integrado con su organismo físico. Pero más allá del cuerpo y del alma –no obstante integrado con ellos–, está el espíritu, el *pneuma* de San Pablo, el *atman* del pensamiento hindú. Este espíritu es en el hombre, el punto de su comunión con el espíritu universal que gobierna y penetra todo el universo. Este es el punto de la autotrascendencia humana, el punto en que se encuentran –y entran en contacto– lo finito y lo infinito, lo temporal y lo eterno, la variedad y el Uno. Es a este punto del espíritu adonde nos lleva la meditación, cuando, yendo más allá de la conciencia física y psicológica, experimentamos las profundidades de nuestro propio ser interior y descubrimos nuestra afinidad con el espíritu de Dios. "El Espíritu de Dios –como dice San Pablo– es testigo con nuestro espíritu, de que somos hijos de Dios."[11]

El hombre fue creado en este estado de comunión con Dios, y todas las religiones de la antigüedad son testigos del recuerdo de este bendito estado de conciencia. La Caída del Hombre fue una caída de esta conciencia espiritual centrada en Dios, al plano de la conciencia física centrada en el ego (el alma humana separada y sujeta a las leyes del organismo físico). Este es el estado en el que nos encontramos hoy y la mayoría de la gente ha perdido inclusive el recuerdo de este estado superior de conciencia. La conciencia física dominada por la mente racional, es tomada como la norma de vida humana y como consecuencia de ello, el hombre se encuentra

---

9. cf. Efesios 1,21.3,10.6,12 y Colosenses 1:16.2:15,18,20. Para San Pablo estos "poderes" son tanto buenos como malos, como los *devas* y los *asuras* de la tradición védica.

dominado por las fuerzas del mundo físico, los "espíritus elementales" de San Pablo, o en términos hindúes "la oscuridad de la ignorancia (*avidya*) y la ilusión de *maya*", que no es ni más ni menos que el mundo separado de Dios. Desde tiempos ancestrales en la India, el hombre ha buscado liberarse de estas limitaciones de la materia (o *maya*) y alcanzar así la iluminación –el estado del Buda, el Iluminado– y descubrir así su verdadero ser, su espíritu o *atman*, en donde se reconoce a sí mismo como "uno con Dios", Espíritu Universal y la fuente de todo.

2. LA REVELACIÓN DE LOS UPANISHADS: EL CONOCIMIENTO DEL SER

La revelación de los Vedas, que fue escrita en el rico lenguaje poético del mito y del símbolo, se desarrolló posteriormente, de una forma más filosófica en los Upanishads. Éstos figuran al final del período Védico (500 AC) y constituyen la base de la Vedanta, "el final" (*anta*) de los Vedas. En ellos se encuentra la quintaesencia de la doctrina hindú, la suprema sabiduría, que es una de las grandes herencias del género humano. Pertenecen a ese período que se ubica en la mitad del primer milenio antes de Cristo, que también fue testigo del surgimiento del Jainismo y el Budismo en la India, el Taoísmo y el Confucionismo en China y el Zoroastrismo en Persia, la Filosofía en Grecia y la Profecías en Israel. Karl Jaspers lo denominó el "período axial" de la historia humana. Marcó el surgimiento de la comprensión racional a partir de la imaginación mítica del mundo antiguo. Desde el principio de la historia, o mejor dicho desde el surgimiento del habla humana, el hombre vivió en el mundo de la imaginación, de la sabiduría intuitiva dentro de la cual el sentido y el sentimiento, el deseo, el pensamiento y la voluntad se encontraban centradas en símbolos de palabras y gestos, de danzas y canciones, de imágenes y pinturas, y de rituales y sacrificios; en los cuales el mundo de los dioses, de los poderes físicos y cósmicos, se veía reflejado en la imaginación humana. Este era el mundo de los Vedas. Ahora en este período de los Upanishads, la mente racional atraviesa la imagen y el símbolo y emerge a la luz del pensamiento puro. El concepto comienza a tomar el lugar de la imagen.

Sin embargo, debemos aclarar que no estamos hablando de reemplazar la imaginación por la razón. Es más bien el hecho de que "la verdad de la imaginación" –como la ha denominado Keats–, emerge hacia una luz más clara. Es precisamente en este período que encontramos la perfecta unión de la imaginación con la razón en el pensamiento intuitivo. La intuición, como hemos dicho, es al principio ciega; es una oscura y confusa percepción de la realidad, dentro de la cual están contenidas todas las semillas del futuro conocimiento. Es pensamiento embrionario, dentro del cual está contenida la futura estructura del pensamiento; tal como la estructura del ser humano maduro está contenida en el embrión. A medida que se desarrolla el poder de la razón, este oscuro conocimiento embrionario, que es el conocimiento de la infancia, comienza a ser iluminado por la razón, se forma el lenguaje de las imágenes y símbolos y se crea el vasto y enriquecido mundo del mito dentro del cual vivió el hombre durante miles de años. Entonces en este "período axial", la razón atraviesa el velo del símbolo para descubrir la verdad contenida en él.

Es imposible exagerar la importancia de este momento en la historia de la humanidad. Es el momento en que el hombre alcanza el conocimiento de sí mismo, el Atman, el Ser del visionario Védico, el "conocerse a sí mismo" del Oráculo de Delfos. Desde la noche de la luna y las estrellas con todo su brillo, el hombre emerge a la luz del sol y del día.

Aunque, en este punto no existe fractura en la continuidad. El poder de la razón que ya estaba funcionando en la imaginación, creando el mito y el símbolo; se transforma ahora en una pura intuición de la realidad. La primera intuición del alma había sido oscura y confusa, había crecido con la rica y simbólica intuición de la imaginación; pero ahora trasciende las imágenes y símbolos hasta el interior de la pura luz del pensamiento. No obstante, la comprensión humana nunca puede prescindir de las imágenes y de los símbolos. Aun cuando vaya más allá, hasta la pura intuición, necesita de imágenes y símbolos para corporizar su pensamiento. Es por eso que, en este período, nos encontramos con un gran florecimiento de la poesía, como los poemas épicos de Homero y los grandes trágicos griegos, el genio imaginativo de los profetas hebreos, el Libro de la Poesía en China y el Ramayana y el Mahabharata de la India. Este es el tiempo en que la razón y la imaginación se encuentran en un maravilloso "matrimonio", y lo masculino y femenino se unen para formar al hombre total. No es accidental que al final de este período nos encontremos con la figura de ese hombre perfecto, en la forma de Rama y Krishna en la India, de Bodhisattva en el Budismo y de Jesús, el Cristo, el Mesías, dentro del Cristianismo, quien viene a cumplir tanto las promesas hechas a Israel, como así también las profecías concernientes al Sacerdote Mesiánico y al Rey.

Los Upanishads pertenecen a este período supremo de la historia humana. Surgen de la tierra de la rica tradición imaginativa de los Vedas, y le aportan la luz diáfana de la inteligencia. En este punto podemos observar al espíritu humano emergiendo como auto conciencia, la razón comenzando la formación de conceptos claros, y el mundo físico convirtiéndose en el objeto del conocimiento científico. La sabiduría de los Upanishads es inextinguible. Surge de una profunda intuición de la realidad última: un ir más allá de todas las formas exteriores de la naturaleza y de la experiencia interior del hombre hacia la pura intuición del espíritu.

El hombre es cuerpo, mente y espíritu. Al principio el espíritu se manifiesta a sí mismo en actividades corporales, en la búsqueda de alimento, vestimenta y refugio, en el matrimonio y en la vida familiar, en rituales religiosos y sacrificios. Pero ya están en funcionamiento los poderes del alma, de la psiquis, creando el lenguaje, construyendo mitos y generando el gran mundo de la imaginación. Posteriormente, a medida que se desarrolla el poder de la razón, el espíritu comienza a manifestarse en el discurso racional, en la percepción moral y en el despertar de la conciencia. Cuando finalmente atraviesa los límites del cuerpo y del alma, el hombre despierta a la realidad del espíritu, al misterio trascendente más allá de todas las formas del universo, por detrás de toda experiencia humana; una realidad que siempre estuvo presente pero oculta desde el principio, pero que ahora se hace totalmente consciente.

Existen tres palabras que se utilizan para describir esta última realidad en los Upanishads: Brahman, Atman y Purusha. Ninguna de estas palabras es adecuada porque ninguna palabra puede describir acabadamente lo "último" en la existencia humana. Como lo expresa un dicho budista: "Usamos palabras para ir más allá de las palabras y alcanzar la esencia sin palabras." El lenguaje humano proviene de la naturaleza física del hombre. "Fue el sistema nervioso y no el intelecto lo que creó el discurso", como lo ha señalado Sri Aurobindo[12]. Las palabras expresan originariamente la experiencia vital y sensitiva. Pero esta experiencia vital y sensorial da origen a imágenes que reflejan al mundo en la imaginación humana. Es entonces cuando comienza a existir la poesía. Las palabras son símbolos en donde las imágenes arquetípicas del inconsciente se centran para ser traídas a la conciencia. De manera que al ser consciente del mundo a su alrededor, el hombre se hace consciente de sí mismo. No obstante, esta conciencia es aún difusa; el símbolo es rico y variado aunque todavía no es claro. El hombre aún está viviendo en la imaginación. La palabra está aún acompañada por música, gestos, danzas y acciones rituales. Es la forma por la cual el hombre experimenta su unicidad con el mundo. Y sólo gradualmente aparecerá la razón para distinguir con claridad el yo del mundo, y el mundo y el yo de su origen común.

Se cree que la palabra Brahman deriva de la raíz *brh*, que significa surgir o crecer. Esto parece haber significado originariamente el surgimiento de la palabra de las profundidades del inconsciente, su evolución a la conciencia. Se refiere al uso de la palabra védica o mantra, a la que Sri Aurobindo describió como "la voz del ritmo que ha creado al mundo". Brahman es el poder misterioso en la naturaleza, que se hace consciente en la palabra. "Al principio –se dice en los Upanishads– este era Brahman, uno solamente."[13] "Este" es el mundo, la realidad en donde nos encontramos a nosotros mismos, y en este punto se intuye que esta realidad es "una sola". Este es un estadio sumamente importante en el pensamiento humano: cuando el mundo en el que vivimos –con toda su diversidad y confusión–, es visto como "uno solamente". Esta es la intuición que sustenta a todo el pensamiento hindú. Es una intuición humana

---

10. cf. 1 Tesalonicenses 5,23 y el contraste entre el *"anthropos psychikos"*, "el hombre físico" y el *"anthropos pneumatikos"*, el "hombre espiritual", en 1 Corintios

fundamental. En todos nosotros, el universo es originariamente experimentado como una unidad. A medida que se desarrolla la razón, comienzan a diferenciarse los distintos aspectos de esta unidad, y por lo tanto, se pierde de vista fácilmente, la unidad subyacente. Esto es lo que le ha acontecido al hombre moderno. La razón ha crecido hasta tal punto que hoy existe una creciente diversidad de conocimiento, y en el proceso se pierde la unificada visión de la totalidad. El hombre primitivo tenía muy poco conocimiento de la diversidad en la naturaleza, pero tenía, en cambio, un profundo sentido de la totalidad. En la naturaleza, todo estaba relacionado con todo lo demás dentro de un orden cósmico. Esta es la perspectiva del hombre védico. En los Upanishads, este principio de unidad, este fundamento de la creación, se hace consciente y se lo denomina Brahman.

No hay palabras que puedan expresar lo que es este Brahman. Es todo y al mismo tiempo nada. Es la fuente de toda creación, de toda la diversidad de la naturaleza. Penetra todas las cosas "desde Brama (el creador) hasta una hoja de hierba"[14]. Todo el mundo, la tierra, el agua, el aire, el sol, la luna, las estrellas, los dioses (los poderes cósmicos) y su creador, están todos "entramados" en este Brahman. Él es la "miel", la escencia sutil de todo. En un sentido real, Él es cada cosa. "Todo esto (el mundo) es Brahman"[15]. Y no obstante, no es nada: Él es "no esto, ni esto" (*neti, neti*). No hay nada más significativo que decir "Él no es esto"[16].

De esta manera, cuando llegamos a la última realidad, nos encontramos frente a una paradoja, y es lógico que así sea. La razón humana es una fuerza discriminativa. Es el poder de distinguir, analizar, objetivar (es decir, hacer un "objeto" distinto del "sujeto"). Esta es la gran separadora, que separa al hombre de la naturaleza y al hombre de sí mismo. Crea un mundo de dualidad y destruye el paraíso original en el cual el hombre había vivido en armonía con la naturaleza y consigo mismo. Cuando la razón cumple su objetivo de división y separación puede volver a sí misma, puede re-des-

---

2,14.
   11. Romanos 8,16.
   12. *Sobre los Vedas*, cap. 5 "El método filológico de los Vedas".

cubrir su unidad original, puede aprender a conocer el Ser.

Los Upanishads constituyen el registro de este descubrimiento humano del Ser. Buscan contestar las preguntas: "¿Quién soy yo?" "¿Soy este cuerpo, este organismo físico que forma parte del organismo físico del universo, o soy esta mente, esta alma, que piensa, siente, sufre y disfruta?" "¿O existe algo más allá del cuerpo y del alma, en donde puede ser encontrado el verdadero sentido de mi existencia?" Existe una historia que relata cómo los dioses y demonios (los poderes de la naturaleza tanto positivos como negativos) vinieron a Prajapati, el creador, y le pidieron que les contara sobre el verdadero Ser[17]. Primero, él les pidió que se miraran en una pileta con agua, y cuando lo hicieron, se vieron a sí mismos "con todos los cabellos y uñas" y pensaron que esto, es decir el cuerpo, era su Ser. Pero luego se dieron cuenta de que esto no era lo que ellos estaban buscando y entonces regresaron a Prajapati y él les dijo: "el Ser que ustedes ven en sueños, ese es vuestro verdadero Yo". Así que pensaron que el ser interior, el ser de los pensamientos, sentimientos y deseos era su verdadero ser. Pero nuevamente se dieron cuenta de que eso no es lo que estaban buscando, así que regresaron a Prajapati y él les contesto: "El ser que existe en el sueño profundo, cuando, tanto la mente como el cuerpo descansan, ese es el verdadero Ser." Y así fue que pensaron que el verdadero Ser, que está más allá del cuerpo y de la mente, era el verdadero ser. Pero aun así no estaban satisfechos, ya que ese ser es inconsciente. Volvieron a la presencia de Prajapati nuevamente quien al final les reveló el "cuarto" estado (*turiya*), el estado más allá de la vigilia, del soñar y del sueño profundo, el estado del Ser consciente, en el cual el hombre alcanza el autoconocimiento.

Esta historia es profundamente significativa. Dentro de la tradición hindú existen tres estados de conciencia; la vigilia, el sueño y el estado de sueño profundo. Mucha gente piensa que el verdadero mundo es el mundo exterior que se presenta a los sentidos, y que su verdadero yo es su existencia corporal –lo que se ve en el espejo, la cara que presentamos al mundo–. Cuando maduramos, comenzamos a darnos cuenta de que el ser interior, el ser que piensa y sien-

---

13. Brihadaranyaka Upanishad I,4,II.

te, con sus esperanzas, temores, alegrías y ansiedades, es el ser real. Esto se corresponde con el estado del sueño.

Pero más allá de la vigilia y del sueño, existe el estado de sueño profundo (*sushupti*). Esto puede parecer algo sorprendente desde el punto de vista occidental. La mayoría de la gente piensa que el estado del sueño profundo es simplemente un estado de inconsciencia y, por lo tanto, no es significativo. Sin embargo, los hindúes se preguntan, ¿quién es ese ser que permanece en un sueño profundo cuando el cuerpo ya no es consciente a través de sus sentidos y la mente ya no es consciente a través de sus pensamientos? Este es el ser, que está más allá tanto del cuerpo como del alma, más allá de toda actividad consciente, el que se acerca más al Ser real de la tradición hindú. Este es el regreso a la fuente, a la raíz, al fundamento del ser.

Pero en este estado no hay conciencia. Es necesario por lo tanto, ir más allá de este estado, a lo que se denomina el "cuarto" estado (*turiya*). Este es el estado que está más allá del cuerpo y del alma, más allá del sentimiento y del pensamiento, en el cual la persona despierta a su verdadero ser, descubre su verdadero origen, su fuente, no ya en estado de inconsciencia sino en pura conciencia. Esta es la meta a ser buscada, encontrándose así la autorrealización, el autoconocimiento. Este es el conocimiento del Ser, del Atman, del Espíritu; en donde el espíritu del hombre alcanza y toca el Espíritu de Dios.

Podemos decirlo de otra manera. La vida humana surge de la oscuridad del inconsciente, del vientre de la naturaleza, al cual retornamos cada noche. En esa oscuridad somos uno con la tierra, el agua, el fuego y el aire. Estamos en el vientre de la Madre. Pero no obstante, al igual que todas las formas de la naturaleza (el sol, la luna y las estrellas, las montañas, los ríos y los mares), están latentes en esa oscuridad; todas las futuras formas de vida y conciencia ya están presentes en ese vientre. De la misma forma que los órganos de la vida comienzan a desarrollarse en el niño dentro del útero, los poderes de la vida, comienzan a desarrollarse en la naturaleza. La tierra genera cosas vivientes, plantas, árboles y flores. Todas estas formas estaban latentes en la oscuridad de la tierra, y la luz de la conciencia, brillando en la oscuridad, es la que las trae a la luz del día. La vida y la conciencia ya están presentes en la materia desde el principio, pero no existían órganos a través de los cuales pudieran manifestarse. Recientes experimentos han demostrado que una leve conciencia está ya despertando en la planta y en el árbol. Están comenzando a emerger de un estado de sueño profundo –en el cual la tierra también está involucrada– hacia un estado de ensoñación. El animal vive en un estado de ensoñación. Tiene apetitos, sentimientos, sensaciones, imaginación, memoria y una inteligencia rudimentaria. Comienza a aparecer en él la luz de la conciencia, aunque el animal no tiene conciencia de sí mismo. Permanece como parte de la naturaleza, determinado por una ley externa, reflejando el mundo a través de sus sentidos y gobernado por sus apetitos. En el caso del hombre, la naturaleza lo despierta a la conciencia de sí mismo. Existe en él una apertura desde el estado de ensoñación hacia el estado de conciencia. El hombre se hace consciente de sí mismo, consciente del mundo, y esto le trae también, una relativa libertad. Puede despegarse del mundo que lo rodea, de sus apetitos y deseos y reflexionar sobre sí mismo. Esa razón, que había estado latente desde el principio en la materia –organizando los átomos y las estrellas, construyendo la célula viviente, dando forma a las plantas y a los animales–, surge ahora en la conciencia. No obstante, esa luz de la razón es aún muy precaria. El hombre está aún muy condicionado por sus apetitos y deseos, todavía se siente parte de la naturaleza y es escasamente consciente de un ser individual. De todos modos, esa pequeña chispa de razón y conciencia de sí está presente en él.

Y es aquí en donde comienza el drama de la existencia humana. El hombre puede permitirse ser gobernado por sus apetitos y sentidos, someterse a las fuerzas de la naturaleza y convertirse en su esclavo. O puede, por el contrario, despertar al "cuarto" estado, descubriendo la fuente de la razón y la conciencia dentro de sí, abriéndose al poder del espíritu y despertando a su verdadero Ser. Esto es lo que sucedió en la época de los Upanishads.

La conciencia fue evolucionando durante todo el período védico, pero era aún una conciencia imaginativa. El mundo se reflejaba a través de la imaginación humana; un mundo de dioses y demonios, en el cual el poder divino se encontraba misteriosamente oculto. Es entonces cuando la mente irrumpe hacia una pura intuición de la realidad. La primera experiencia intuitiva del hombre había sido ciega y confusa –esa oscura intuición de nosotros mismos con la que todos comenzamos nuestra vida–. A medida que fue evolucionando la luz de la razón, esta intuición se había completado con las distintas formas de la naturaleza, con la conciencia del mundo y del ser –del ser físico y psicológico en en el que el espíritu divino se reflejaba en el mundo de los dioses–. No obstante, la intuición permaneció ajena a toda esta diversidad, de este "único ser" (*ekam sat*), a partir del cual todas las formas de la naturaleza y del yo eran sólo "nombres y formas" (*name rupa*)[18] de esa realidad última. Pero en los Upanishads esta intuición sale a la luz, transformándose en una conciencia pura del ser, una conciencia del yo absoluta, una experiencia del espíritu, el Atman, el Ser, como el fundamento de ser y la conciencia y como la fuente de la razón misma.

Debemos tratar de profundizar esta intuición de los Upanishads. Es escencial a toda la experiencia humana, es la última verdad; es "aquello que cuando es conocido, todo lo demás es conocido". Fue descubierta por los videntes de los Upanishads y ha pasado en la India de generación en generación: en ella está contenida la "sabiduría de la India". También ha sido conocida en otras religiones, en las tradiciones Budista y Taoísta y en la tradición mística del Islam. También ha estado presente desde el principio en el Cristianismo y es el "secreto escondido" de los Evangelios. Ha sido casi siempre ocultada, y hoy casi se ha perdido en Occidente. En los Upanishads esta intuición de la última realidad ha sido expresada más claramente y es allí en que podemos verla surgiendo, tal como es, de su fuente. Aunque para descubrirla, debemos estar capacitados para recibirla. No puede ser por sí misma producto de un esfuerzo o aprendizaje meramente humano. "Este espíritu no se alcanza a través del aprender; ni a través del intelecto ni a través de la enseñanza sagrada. Es alcanzado por aquél que es elegido, a él sólo se le revelará el espíritu."[19] Este es el gran traspié. Fracasaremos si pensamos

---

14. Brihadaranyaka Upanishad 2,5.
15. Chandogya Upanishad 4, 14,I.
16. Brihadaranyaka Upanishad 2,3,6.

que podemos comprender el significado de los Upanishads por medio de cualquier método de la ciencia moderna, o de la filosofía o a través de la erudición védica o del análisis lingüístico. Los Upanishads requieren una *metanoia*, un cambio mental absoluto, un pasaje del conocimiento racional a la sabiduría intuitiva para el cual muy poca gente hoy está preparada.

Tal vez podamos aproximarnos mejor a este misterio interior de los Upanishads a través del Katha Upanishad. Es un Upanishad corto que pertenece al período medio (alrededor del año 500 AC), y que le sigue a un período temprano de prosa extensa de los Upanishads (el Brihadaranyaka y el Chandogya), escrito en verso y que constituye una verdadera iniciación en la doctrina secreta de los Upanishads. Comienza significativamente con el descenso de un hombre joven, Nachiketas, al reino de los muertos para recibir instrucciones de Yama, el dios de la muerte. En toda tradición religiosa importante, se ha reconocido que para alcanzar la verdad última, uno debe atravesar la muerte. Es el significado implícito en el descenso de Aeneas al submundo en Virgilio; y en el descenso de Dante a los infiernos en la "Divina Comedia". Es, por supuesto, el significado del bautismo cristiano: "Ustedes los que fueron bautizados, fueron bautizados en la muerte de Cristo."[20] Tenemos que morir a este mundo y a nosotros mismos, si hemos de encontrar la verdad. Lo que Nachiketas quiere saber de Yama es "qué hay mas allá de la muerte". Esta es la pregunta que se ha hecho el hombre desde el principio de la historia y que la gente aún se pregunta. Pero la respuesta no puede ser dada en el nivel del discurso racional. "Esta doctrina no se obtiene por medio de argumentos", dice Yama[21]. Solo puede ser aprendida por alguien que haya tenido la experiencia del misterio, que haya pasado a través de la muerte hacia una nueva vida.

Esto está expresado en las palabras que nos llevan al corazón de las enseñanzas de los Upanishads. "El hombre sabio, que por medio de la meditación en el Ser, reconoce lo Antiguo –que es difícil de ser visto–; aquel que haya entrado en la oscuridad, aquel que es-

---

17. Chandogya Upanishad 8,7-12.
18. cf. Rig Veda I:164.46: "El ser único (*ekam sat*), el llamado sabio por mu-

té sentado en la caverna, que haya morado en el abismo, al igual que Dios; ese es el que realmente deja de lado tanto al gozo como a la tristeza."[22] Esta es la muerte que tenemos que atravesar, para ir más allá de la comprensión racional, más allá de la imaginación y los sentidos; hacia la oscuridad primitiva, en la que está oculto Dios, el misterio divino. Es un retorno al útero, a lo que los chinos llaman "bloque sin esculpir", a la oscuridad original de la que venimos. Pero ahora que la oscuridad es llenada de luz, se nos revela como Dios. Los sentidos, la imaginación y la razón no pueden por sí mismos, atravesar esa oscuridad, pero cuando morimos a nosotros mismos, a la limitación de nuestra mente que proyecta su sombra en la luz, entonces la oscuridad se nos revela como luz, el alma se descubre a sí misma en el esplendor de la pura intuición; adquiriendo conocimiento de sí.

Esto nos lleva al tercer aspecto de esta suprema realidad, la de Purusha. Él es el hombre cósmico, del que se dice que "un cuarto de él está aquí en la tierra y tres cuartos en el cielo"[23]. Este es el hombre arquetípico, la medida (*qutb*) o el Hombre Universal de la tradición musulmana, que es similar al Adam Kadmon, el primer hombre y el hijo del hombre, de la tradición hebrea. Este es uno de los símbolos más profundos del mundo antiguo. Está basado en el reconocimiento de que el hombre abarca tanto al cielo como a la tierra. Aunque su cuerpo ocupe solo un pequeño espacio de un pequeño planeta, su mente abarca el universo. Esto fue maravillosamente expresado en el Chandogya Upanishad. "Existe esta ciudad de Brahman (el cuerpo humano) y dentro de ella hay un pequeño santuario en forma de loto, dentro de cual se puede encontrar un pequeño espacio. Este pequeño lugar en el interior del corazón es tan inmenso como el vasto universo. Los cielos y la tierra están allí, lo mismo que el sol, la luna y las estrellas; el fuego y los rayos y el viento están allí; y todo lo que ahora es y lo que todavía no es: todo eso está contenido en su interior."[24] Esto está basado en la perspectiva a la cual debemos constantemente retornar: que el uni-

---

chos nombres."
   19. Katha Upanishad 2,23.
   20. Romanos 6,3.

verso es una unidad y el hombre es un espejo del universo. Él contiene dentro de sí mismo el principio de todos los elementos materiales y de toda la conciencia psíquica, de tal manera que es un "microcosmos", un pequeño mundo. Entonces el "macrocosmos", el "gran mundo", fue concebido como el Hombre Cósmico, en el cual la materia y la vida de la conciencia se juntan en la unidad del espíritu.

Purusha es la persona cósmica que contiene en sí mismo a toda la creación y al mismo tiempo la trasciende. Él es el principio espiritual, que une el cuerpo y el alma, la materia y la inteligencia consciente en la unidad de una conciencia trascendente. La estructura del universo es descripta en detalle (siguiendo la filosofía Samkhya) en el Katha Upanishad. "Más allá de los sentidos –se dice– están sus objetos, más allá de éstos, está la mente (*manas*), mas allá de la mente está el intelecto (*buddhi*), más allá del intelecto está el Gran Ser (*mahat*), más allá del Gran Ser está lo inmanifiesto (*avyakta*), más allá de lo inmanifiesto está Purusha. Más allá de Purusha no hay nada: ese es el fin, es la meta suprema."[25] Esta es la estructura básica del universo de acuerdo con la Vedanta. Primero están los sentidos (*indriyas*) y sus objetos, los *bhuta* o elementos. Luego viene la mente, el *manas*, la mente discursiva, que funciona a través de los sentidos; lo que hoy se llama la mente científica. Es el nivel más bajo de inteligencia, ya que depende totalmente de los sentidos, y está consecuentemente fragmentada y dispersa. Por encima de esto está el *buddhi*, el intelecto o pura inteligencia, la mente intuitiva, de la cual se derivan los principios de la razón y la moralidad. Es el *"nous"* de Aristóteles, el *intellectus* de Santo Tomás, comparados con la *ratio* o razón. Es el punto en el cual la mente humana se abre a la luz divina. También es el punto de unificación de la personalidad. Es en este punto cuando nos convertimos en totalmente humanos. Es en este momento cuando tiene lugar el drama de la existencia humana. Si el *buddhi* se vuelca hacia la luz, es iluminado por la luz divina y transmite la luz a los *manas* y a los sentidos. Pero si el *buddhi* se aparta de la luz, entonces la mente se oscurece y se divide la personalidad.

---

21. Katha Upanishad 2,9.

Más allá del *buddhi* está *mahat*, el Gran Ser, es decir, el orden cósmico o la conciencia cósmica. Este es un concepto que raramente se encuentra dentro de la filosofía occidental. Sin embargo es fundamental para la doctrina Vedanta. El *buddhi* es el punto en el que el ser humano es individualizado, cuando el hombre se transforma en persona. Pero la persona humana no está aislada; constituye un punto dinámico de comunión. Al igual que todo elemento dentro del mundo físico es un punto dinámico de interrelación con cada elemento; cada persona humana es un punto de intercomunión y de interdependencia con cada persona. El *mahat* es la esfera de conciencia en donde la mente humana se abre a la mente universal. En el Budismo se lo llama la "conciencia almacenada" (*Alayavignana*). Se corresponde con lo que Platón denominó "el mundo de las ideas".

Cada elemento en el mundo físico, tiene un aspecto psíquico, un carácter psicológico. La idea que propagó Descartes de un mundo material extendido en el espacio y en el tiempo fuera de la mente, es una ilusión. Se corresponde exactamente con lo que la Vedanta denomina *maya*. Es una ficción mental. En la realidad, el mundo físico está penetrado por la conciencia; es sólo un aspecto de un todo complejo. Es como un reflejo de la inteligencia consciente en la materia. En el mundo antiguo siempre se creyó que cada cosa material tiene su contraparte espiritual. Estas son las "ideas" de Platón, las "inteligencias" de Aristóteles y de los filósofos árabes, los "ángeles" de los Padres Griegos y de los teólogos escolásticos. Estos son los dioses, los "devas" de los Vedas.

Para el hombre moderno occidental, los dioses y los ángeles son reliquias de una mitología descartada, y son por supuesto, figuras mitológicas, es decir formas simbólicas; pero son símbolos de diferentes realidades. Son los "poderes cósmicos" de San Pablo, los poderes que gobiernan el universo, los poderes de la tierra, el agua, el aire y el fuego, de la gravedad, del magnetismo y de la electricidad. Pero estos poderes no se encuentran fuera de la esfera de la conciencia. De la misma manera que nuestros cuerpos con todas sus propiedades físicas y químicas están contenidos dentro de nuestra conciencia humana, todos los poderes de la naturaleza están contenidos dentro de la conciencia universal, el Mahat. De acuerdo con nuestra experiencia, estos poderes operan dentro de la esfera de lo que se ha llamado el Inconsciente, pero que es en realidad otro nivel de conciencia. Por debajo del nivel de la conciencia reflexiva y racional, existen otros niveles de conciencia imaginativa, emocional, vital y física, y es allí en que nos aconsejan los poderes cósmicos. Los dioses y ángeles son en nuestra imaginación, reflejos de los "arquetipos", los principios primordiales de la creación, por medio de los cuales es gobernado el universo.

Esto poderes, por supuesto, no son sólo buenos sino también malignos. Al lado de los dioses, los *devas*, están los "*asuras*", los demonios, y al lado de los ángeles buenos están los espíritus malignos, los *diamones* de los Evangelios. No se puede afirmar categóricamente que éstos son poderes reales que actúan en el inconsciente, como ha reconocido la psicología profunda; es decir, en los niveles más bajos del inconsciente, manteniendo al hombre sujeto a las fuerzas de la naturaleza . El hecho de que el hombre moderno no los reconozca es uno de los muchos signos que indican que se encuentra bajo su poder; sólo cuando son reconocidos, pueden ser derrotados.

Pero no obstante, no debemos pensar en estos poderes como seres separados y sin conexión de unos con otros. Todos forman parte del todo cósmico, dentro del cual están en funcionamiento tanto las fuerzas negativas como las positivas, de la misma forma que están en el mundo físico. Forman una jerarquía ordenada de seres que representan diferentes niveles de conciencia. Dentro del esquema medieval cristiano del universo, existían nueve órdenes de ángeles, comenzando con los mismos ángeles, que se encuentran en un nivel de conciencia justo por encima de la conciencia humana racional. Por encima de ellos están los arcángeles (los "tronos, dominaciones, virtudes, principados y poderes" que menciona Milton en su "Paraíso Perdido"), los poderes que actúan en el destino de las naciones; y finalmente los querubines y serafines (los poderes de la sabiduría y el amor, más cercanos al Supremo). Los ángeles malignos son poderes que se rebelan contra el orden cósmico, son centros de conflicto, de violencia y desintegración, influyen en la naturaleza, en el ser humano individual y en la sociedad humana. De entre éstos, dentro de la tradición hebrea se dice que Satán es la cabeza, el Diábolos, el desertor, la fuente de la Ilusión Cósmica; el Maya en términos hindúes, el príncipe del pecado y la ignorancia, Avidya.

Pero más allá de Mahat –nos dice el Katha Upanishad–, está el Avyakta, lo inmanifiesto. Esto nos lleva a los dos principios finales del orden cósmico, de acuerdo con la filosofía Samkhya (el sistema más antiguo dentro de la filosofía hindú): Prakriti y Purusha. El *avyakta* es Mula-Prakriti, es decir la Naturaleza, considerada como un vientre, la Madre, el fundamento de todos los poderes creativos del mundo. Prakriti es el principio de "potencialidad", la primera materia de Aristóteles, que, como hemos visto, no tiene vida en sí misma, pero que es pura potencia; un *dynamis* en términos aristotélicos, una capacidad de ser. En este útero de la naturaleza se esconden las semillas de toda forma futura de materia y mente. Los dioses al igual que los hombres yacen todos ocultos en esta primitiva oscuridad. Es el Vacío, la vaciedad que, en términos budistas, contiene la totalidad. Es el fundamento de la conciencia humana, la caverna, el abismo del que hablaba el Katha Upanishad, la impenetrable profundidad de la conciencia, el sueño profundo, del cual surge la conciencia y por el cual comienza a existir el mundo. Pero más allá de este *avyakta*, este Prakriti, está Purusha, la Persona, el Supremo, más allá del cual es imposible ir.

Purusha es pura conciencia, o más bien es puro ser y pura conciencia en uno, porque en este punto, toda distinción de sujeto y objeto desaparece. Se la ha llamado la "Persona de luz en donde se asienta el conocimiento"[26]. Pero, ¿cómo conocemos a esta persona? Se la conoce a través de la meditación. El Katha Upanishad continúa: "Un hombre sabio debería guardar el discurso en su mente, y mantenerlo en el ser, que es conocimiento. Debería guardar el conocimiento en el ser que es el Grande (el Mahat) y debería mantener eso encerrado en el ser, que es Paz."[27] Aquí hemos delimitado el camino hacia el conocimiento del Ser. Primero deberemos entrar en el silencio, cerrando el mundo de los sentidos. Luego deberemos silenciar la mente la mente, activa y ocupada, en el Ser del conocimiento (el *Buddhi*), el punto de integración de la personalidad.

---

22. Katha Upanishad 2,12.
23. Rig Veda 10,90.

Luego deberemos someter este Ser (el ser individual) al Gran Ser (la conciencia cósmica), hacia esas esferas mas elevadas de conciencia más allá de la mente racional.

Finalmente deberemos someter a esta conciencia cósmica –que aún pertenece al mundo creado– al Ser de la Paz, la Paz que traspasa el entendimiento. En este punto llegamos más allá del mundo creado, tanto físico como psicológico (el mundo de los hombres y de los ángeles), y entramos en comunión con el Supremo, el Purusha, la Última Realidad. Brahman, Atman y Purusha son ahora conocidos como uno. Brahman es el único Espíritu eterno, infinito y trascendente, que penetra toda la creación, siendo "uno" y al mismo tiempo con varios envoltorios, el fundamento de toda la creación, "no visto pero viendo, no escuchado pero escuchando, no percibido pero percibiendo, no conocido pero conociendo"[28]. En Él está contenida toda esta creación, tanto dioses, como hombres y la naturaleza. Atman es ese mismo Espíritu eterno, infinito y trascendente, considerado como el ser del hombre y el fundamento de la conciencia. Cuando trascendemos los límites de la mente racional y nos abrimos a la conciencia cósmica universal, somos transportados más allá de los límites de este mundo –tanto humano como divino– y nos acercamos al Supremo, el "uno sin ningún otro". Este es un salto de fe, que no puede ser alcanzado por medio de ningún esfuerzo humano. Es el vuelo al "Uno" de Plotino. Es en relación a esto que el Katha Upanishad relata: "Aquel a quien el Atman elige, conoce al Atman."[29] El ser inferior no puede alcanzar al ser superior, sólo puede dejarse llevar a su presencia, rendirse al ser, al espíritu interior.

Se nos plantea entonces una pregunta. ¿Cuál es la relación entre el espíritu humano (*jivatman*) y el espíritu supremo, el Paramatman? Referido a esta cuestión leemos en el Katha Upanishad: "Están los dos, bebiendo su recompensa en el mundo de sus propios trabajos, entrados en un elevado lugar secreto del corazón. Aquellos que conocen a Brahman, les llaman luz y sombra."[30] El Svetasvatara Upanishad elabora esta imagen: "Dos pájaros, amigos inseparables, suben al mismo árbol. Uno de ellos come los frutos

---

24. Chandogya Upanishad 8,3.
25. Katha Upanishad 3,10-11.
26. Brithadaranyaka Upanishad 4,3,7.

dulces, el otro mira sin comer." Luego explica: "En el mismo árbol, el hombre se sienta lamentándose, inmerso y desconcertado por su propia impotencia (*anisa*), pero cuando ve al otro, el venerado Señor (*isa*) en su gloria, su pena se disipa."[31] Esta historia muestra claramente el estado del alma humana. El alma es ubicada entre el mundo físico –el mundo de los sentidos– y el mundo espiritual. Cuando se inclina al mundo material y se apega a él, se confunde y pierde su fuerza, pero cuando "mira hacia arriba y ve al Señor, su pena desaparece". Si pudiéramos entender esta relación entre el alma (*jivatman*) y el espíritu, podremos pensar al alma como un vidrio que es elevado hasta alcanzar la luz del espíritu. Cuando el vidrio está opacado por el pecado y la ignorancia, la luz no puede atravesarlo, pero cuando el vidrio está limpio, entonces el alma es iluminada por la luz divina y la totalidad del ser –cuerpo y alma– es irradiada por la divina presencia.

El espíritu es en el hombre el "punto más puro del alma", como lo llamó San Francisco de Sales; el punto de contacto entre lo humano y lo divino. Es un reflejo de la luz divina en nosotros. Es un punto dinámico que se vuelca tanto a Dios como al mundo. Este es el "pneuma", el "espíritu" de San Pablo comparado con la "psique", el alma, y sobre esto dice: "no hemos recibido el espíritu del mundo sino el espíritu que viene de Dios, para que podamos comprender los regalos que nos fueron otorgados por Dios."[32] El espíritu es en el hombre un "regalo" o gracia; es la presencia del espíritu divino en nosotros. Cuando el cuerpo y el alma son movilizados por el espíritu, se transfigura todo el ser del hombre. Este fue el verdadero propósito de la creación desde el principio: que el cuerpo y el alma, la materia y la mente, el hombre y el universo, pudieran ser movidos por el espíritu y arrastrados a la vida y luz divina. El pecado es la caída de este estado de gracia, hacia un estado del hombre "natural", lo que San Pablo denominó "*anthropos psychikos*", opuesto al "*anthropos pneumatikos*"; "el hombre espiritual".[33]

Hay escuelas dentro del pensamiento hindú que consideran que cuando el espíritu del hombre (el *jivatman*) se une de esta manera,

---

27. Katha Upanishad 3,13.
28. Brihadaranyaka Upanishad 3,8,11.
29. Katha Upanishad 2,23.

con el espíritu de Dios (el *paramatman*), se pierde la individualidad. Pero esto no es necesariamente así. Es verdad que el alma individual deja de existir como ser separado. Es transfigurada por la luz y participa en el verdadero ser y conciencia de Dios. Este es el estado llamado *saccidananda*, el estado del ser (*sat*) en la pura conciencia (*cit*), en la que existe absoluta bendición (*ananda*). Pero el alma que entra en este estado de bendición no pierde su ser individual. Participa del estado del ser y conciencia universal, disfruta de la perfecta bendición, pero ese ser personal que le fue conferido al alma en la creación, esa forma única de participación en el ser divino, que la constituye como persona, es eterna. Puede ser que en ese estado de unión, como han atestiguado numerosos místicos, el alma ya no experimente diferencia alguna entre sí misma y Dios, pero la diferencia permanece. El verdadero propósito de la creación es que otros seres, tanto humanos como ángeles –y a través de ellos toda la creación–, puedan participar cada uno en forma única en el Ser único de Dios. Este estado de unión se ilustra generalmente diciendo que es similar a una gota de agua que se mezcla en el océano, también se puede decir que el océano está presente en la gota de agua. En la realidad última, la totalidad está presente en cada parte y cada parte participa en la existencia del todo.

Este estado de unión ha sido maravillosamente descripto en el Svetasvatara Upanishad: "Al igual que un disco de metal (o espejo) que se empaña por el polvillo, pero que brilla cuando ha sido limpiado; el ser encarnado (el *dehi*, el habitante del cuerpo) transformándose en uno, logra su objetivo y es liberado del sufrimiento." Entonces el estado final del alma es descripto en palabras inolvidables: "Cuando por medio de la naturaleza verdadera del ser, puede ver –como si tuviera una lámpara– la verdadera naturaleza de Brahman, habiendo entonces conocido lo no nacido, el Dios eterno, que está mas allá de toda naturaleza, es liberado de toda atadura."[34]Esta sea tal vez la manifestación más clara de los Upanishads en relación a la naturaleza de la última realidad. Puede ser conocida solamente por el ser purificado; el espíritu en el hombre, libre de toda atadura al cuerpo o al alma. Entonces este espíritu purificado ve la naturaleza real de Brahman, el Ser Eterno, reflejado en sí mismo y en toda la creación. Finalmente este Brahman y este Atman es reconocido como "el Eterno Dios no nacido", el Dios personal, el Purusha que es el Señor de la Creación, más allá de todo ser creado.

---

30. Katha Upanishad 3,1.

3. LA REVELACIÓN DEL DIOS PERSONAL

En los primeros Upanishads, el centro de interés es el Brahman y el Atman, el espíritu eterno inmanente en la naturaleza y en el hombre. No obstante este espíritu es también reconocido como trascendente. Existe en todas las cosas, aunque también existe sin las cosas. En los Upanishads posteriores, tal como Svetasvatara (300 AC), se hace evidente el aspecto trascendente de la única realidad. Aun en el Upanishad más antiguo –el Brihadranyaka–, encontramos evidencia de esto, cuando se lee: "Si el hombre claramente contempla a este Ser como Dios y como Señor de lo que es y lo que será, entonces tendrá más miedo."[35] Nuevamente en el Isa Upanishad se dice: "Todo esto, lo que sea que se mueva en la tierra, está envuelto por el Señor."[36]

Sin embargo, es en el Svetasvatara Upanishad en el que se desarrolla completamente el concepto de Dios personal. Allí se dice que en el Supremo Brahman existe una tríada. Esta tríada está formada, en primer lugar, por el *pradhana* (lo perecedero), es decir el mundo material; luego están las almas (las *jivatmas*), y finalmente está *Hara*, el Señor, el No Perecedero que gobierna tanto la materia como las almas. Cuando el hombre descubre la existencia de esta tríada, se dice que es Brahman[37]. ¿Cómo debemos entender esto? ¿Cuál es la relación entre Dios, la naturaleza y el hombre, y cómo están relacionados con Brahman? Existen, en relación a esto, diferentes escuelas dentro del pensamiento hindú: *advaita, visistadvaita y dvaita*[38], aunque el debate continúa hasta nuestros días. En un sentido, por supuesto, puede no haber respuesta para esta cuestión. La última realidad, ya sea que la llamemos Brahman, Atman o Dios, está más allá de toda concepción. Todas son palabras tomadas del lenguaje corriente que refleja la realidad pero que nunca puede expresarla acabadamente. Esto se aplica a todo lenguaje humano. El lenguaje refleja el mundo, la realidad misma, a través de la captación por los sentidos, la imaginación y los conceptos de la mente racio-

---

31. Svetasvatara Upanishad 4,6-7.
32. 1 Corintios 2,12.
33. 1 Corintios 2,14-15.
34. Svetasvatara Upanishad 2,14-15.

nal. Pero la realidad misma está siempre más allá de nuestras imágenes y conceptos. Sólo puede ser conocida cuando trascendemos tanto el cuerpo como el alma. Experimentamos la realidad única en las profundidades de nuestro ser en el que somos uno con aquello que contemplamos, cuando ser y conocer son la misma cosa. No obstante, a la luz de esta experiencia interior, se pueden utilizar palabras para indicar la naturaleza de esta realidad, palabras que la reflejen, aunque sea remotamente, y apunten hacia ella. Esto es lo que encontramos en los Upanishads.

Retornemos ahora a la analogía de los tres mundos. Existe el mundo material, que involucra el cuerpo humano, que es experimentado a través de los sentidos. Pero este mundo, como hemos visto, no es independiente de los sentidos. El mundo material se hace presente ante nosotros en y a través de los sentidos. Este mundo material, como lo describe la física moderna, es un campo de energías, y nuestros propios cuerpos con sus sentidos y sus apetitos, sus imágenes mentales y sus conceptos, son parte de este campo de energías. Las energías, que construyen el mundo tal como lo experimentamos, son tanto físicas como psicológicas. Juntas forman un todo interdependiente. Esto es lo que en términos hindúes se denomina *prakriti* o naturaleza. Pero mas allá de *prakriti* está *Purusha*, el principio de la conciencia. La conciencia humana se refleja normalmente a través de los sentidos y la imaginación, pero existe una esfera de conciencia más allá de los sentidos y la imaginación, que puede ser experimentada en la meditación, en la cual, como hemos visto, el alma adquiere el autoconocimiento por medio del repliegue total sobre sí misma. Esta esfera de conciencia es *Purusha*, el espíritu, el Ser, que es la fuente de toda conciencia, el principio de todo conocimiento verdadero, la base del ser personal. Es en este fundamento de verdad y realidad –la fuente del ser personal– en el que todas las almas encuentran su centro de unidad.

De la misma manera que los mundos físicos y psicológicos son reconocidos como un todo interdependiente, en este mundo del espíritu, toda conciencia tiene su fuente en una única conciencia, en un espíritu que todo lo penetra, que penetra y envuelve todo el campo de energías físicas y psicológicas y las transforma en una unidad. Esta esfera de conciencia puede ser experimentada como el "fundamento" de todo ser, penetrando toda la creación, y es entonces que se la conoce como Brahman. O puede ser experimentada como el fundamento de la conciencia humana, el espíritu interior; entonces se la conoce como Atman, el Ser, es decir el principio inmanente tanto del ser como del conocer. Aunque también puede ser experimentada como ser trascendente, como "Dios" el "Señor", y entonces se la conoce como "Purusha". Es de esta manera que surge el concepto de dios personal.

La Realidad es experimentada como una, infinita, eterno ser, al mismo tiempo inmanente y trascendente, que lo penetra todo y lo abarca todo. Pero esta misma realidad es también experimentada como conciencia (*cit*), como una inteligencia pura, como totalmente transparente a sí misma. Un Ser poseído por inteligencia consciente es lo que se considera una persona (*purusha*), luego el espíritu infinito y eterno, el "uno sin un segundo", es reconocido como una persona. Esto es lo que encontramos en el Svetasvatara Upanishad. Este es un Upanishad relativamente tardío en relación a los otros, y marca el despertar de la devoción a un Dios personal. Los dioses de los Vedas, es verdad, eran dioses personales, pero allí cada Dios –Agni, Mitra, Surya– es visto como un aspecto del "único ser" (*ekam sat*), y por lo tanto, la realidad última en sí misma, no es concebida como un dios personal. Pero en el Svetasvatara Upanishad se avanza en ese sentido. La última realidad, el Brahman es concebido como un Ser Personal, el objeto de veneración y adoración. Se dice entonces "aquellos que conozcan más allá de esto (el mundo) al Supremo Brahman, el grande, oculto en todas las criaturas y sólo Él, envolviéndolo todo como un Señor (*Isa*), serán inmortales"[39]. Se dice que este Señor que es uno con el supremo Brahman, es la persona (Purusha) que llena todo el universo. Se lo llama Bhagavan, el nombre que es universalmente usado hoy para nombrar en la India al Dios Personal, y se lo denomina Siva[40].

Este nombre Siva es de gran interés. En este Upanishad, se lo identifica con Rudra, el dios de la tormenta y el trueno de los

---
35. Brihadaranyaka Upanishad 4,4,15.
36. Isa Upanishad 1.

Vedas, que habita en las montañas. Pero parece que en realidad se remonta más allá de los Vedas y se lo registra originariamente como un Dios Dravidiano. Existe una figura en Mahanjadaro, la antigua ciudad india que fue destruida por los invasores arios, sentada en una postura de loto y que parece representar a Siva como *Pasupati*, el Señor de todas las criaturas. Siva debe haber sido entonces uno de los dioses de los indígenas y un enemigo de los arios. Está representado como descastado, habitando las tumbas, cubierto de cenizas, como un destructor, su cuerpo rodeado de serpientes y acompañado por los demonios. También es el dios de la fertilidad, y su emblema es el *lingam* –el órgano masculino– que está representado en los santuarios interiores (el *garbha-griha* o "habitación uterina", la fuente de la vida) en los templos dedicados a Siva, desparramados por toda la India.

Pero Siva es también el gran asceta, que habita el Monte Kailas, absorbido en la meditación; y, como destructor es concebido como el destructor del pecado y el que renueva al mundo por su gracia. Finalmente, viene a ser reverenciado como el Dios del amor, su nombre significa Siva el "amable", "gracioso". En un famoso poema Tamil, el *Tirumandiram* se dice que: "Los ignorantes piensan que Siva y el Amor (*anbu*) son dos cosas; no saben que Siva es Amor."[41]

Este es un ejemplo maravilloso de la evolución de un Mito. Un mito es una historia simbólica en la cual se pueden combinar muchos elementos; elementos derivados del mundo de la naturaleza y de la psicología humana, de las condiciones históricas, sociales y económicas. En el curso del tiempo, estos elementos diferentes y a menudo conflictivos son reinterpretados, se les asignan diferentes significados, hasta que, eventualmente, se desarrolle un símbolo coherente de realidad espiritual. Así es que para un devoto hindú hoy, el dios Siva es el nombre que tiene la realidad última más allá de todo nombre y forma, que es una con Brahman –la verdad absoluta y el bien final–, quien se revela a sus devotos como un Dios de infinita gracia y amor. Finalmente, el *lingam* es el signo de la deidad sin forma, el Dios más allá de todo nombre y forma.

---

37. Svetasvatara Upanishad 1,7-9.
38. No-dualidad, no-dualidad calificada y dualidad.

En el Svetasvatara Upanishad, podemos observar este proceso de transformación de un mito antiguo en un símbolo profundamente filosófico, que mantiene aún su carácter *"numinous"* pero evoluciona hacia una figura teológica como la de un Dios personal. El dios del Svetasvatara Upanishad es el gran Brahman, que es inmanente a toda la creación, pero que también es el Señor trascendente *(Isa)* que crea y gobierna el mundo por medio de su poder. Se dice que él tiene sus manos y pies, sus ojos, oídos y cabeza en todas partes, aunque al mismo tiempo "él agarra sin manos, camina sin pies, ve sin ojos, oye sin oídos"[42]. Él es el Purusha, la persona cósmica de las mil cabezas, los mil ojos, los mil pies y que al mismo tiempo habita dentro del corazón de cada criatura y abarca el mundo en su totalidad. "Él posee el más puro poder para llegar a cualquier parte y es la luz imperecedera."[43] Él es más pequeño que el más pequeño. "La persona no más grande que un dedo meñique."[44] No obstante es el Creador de todo, el gran Ser, habitando por siempre el corazón del hombre, el Señor de la inmortalidad. Finalmente él es "el Señor de Señores, el dios de dioses, el maestro de maestros"[45], el Dios único a partir del cual no hay lugar para un segundo. Sería difícil encontrar una expresión más impresionante del Dios único supremo creador que ésta.

No obstante este Dios trascendente, que crea, gobierna y abarca todo, es también inmanente en todo y "toma todas las formas"[46]. En un sentido, se puede decir que Él "se transforma" en todas las cosas. Él es el *dehi*, el morador del cuerpo *(deha)*, el "ser encarnado", que toma varias formas en varios lugares. Pero al mismo tiempo, no tiene ni "principio ni fin"; tiene muchas formas y no obstante envuelve todo. ¿Cómo debemos entender estas palabras? Debemos retroceder al concepto de espíritu, el Atman, que es ser puro y pura conciencia. Él es quien penetra toda la creación, como la fuerza activa de energía, vida y conciencia en la naturaleza y en el hombre. Es él quien le da "forma" a cada una de las cosas crea-

---

39. Svetasvatara Upanishad 3,7.
40. Svetasvatara Upanishad 3,9,11.
41. cf. *El Amor de Dios en Saiva Siddhanta* (*The Love of God in Saiva Siddhanta*) por M. Dhavamony (OUP 1971) Parte 3.1b.
42. Svetasvatara Upanishad 3,19.

das. Pero no solamente les da "forma". Él es el principio activo de la forma en todo y está presente en cada partícula de materia. Santo Tomás de Aquino se preguntaba en qué sentido se puede decir que Dios está "en" todas las cosas; y él mismo se contesta que Dios está "en" todas las cosas por su poder, su presencia y su esencia[47]. Por su poder, porque es sólo su poder el que le da vida a cada cosa y las preserva en existencia. Por su presencia, porque este poder no es ejercido a la distancia porque no existe la "distancia" en Dios, de manera que Él está entonces presente en cada ser creado. Por su esencia, debido a que Él no está presente "en parte" ya que no existen las "partes" en Dios sino más bien la misma esencia de Dios, (en términos cristianos la Santísima Trinidad), Él está presente en cada partícula de materia. El ser divino, que también es inteligencia y conciencia, está por lo tanto totalmente presente en cada cosa creada. Es en este sentido que San Pablo puede decir: "En Él vivimos y nos movemos y en Él tenemos nuestro ser."[48]

¿Podemos ver ahora cómo puede decirse que Dios, el Espíritu Supremo, que es un ser *saccidananda*, conciencia y bendición, se "convierte" en toda la creación? La totalidad de la creación existe eternamente en Dios; cuando Dios, el ser infinito, se expresa a sí mismo, se manifiesta a sí mismo, pronuncia su palabra; comienza a existir la totalidad de la creación en esa única palabra. Dios no crea en el tiempo. La creación es en Dios acto eterno; es el acto por el cual Dios mismo existe. Como dice Eckhart, Dios sólo pronuncia una palabra, y en esa palabra está contenida toda la creación. En Dios, toda la creación existe eternamente en identidad con Él. Como dice Santo Tomás, las "ideas" en Dios, las formas arquetípicas, que son los principios de todos los seres creados, existen eternamente en Dios y son idénticas a la esencia divina misma.[49] En Dios, tú y yo, y todos y todo existen eternamente en identidad con Él. Este es nuestro eterno ser arquetípico. Cuando la creación comienza a existir en el tiempo, cada uno de nosotros asume su propia forma creada particular, su identidad separada; pero el arquetipo divino aún permanece presente en cada uno de nosotros. En este

---
43. Svetasvatara Upanishad 3,12.
44. Svetasvatara Upanishad 3,13.
45. Svetasvatara Upanishad 6,7.

sentido se puede decir que el mundo es una "manifestación" de Dios. Es como un espejo que se sostiene frente a la cara de Dios. El mundo creado es un "reflejo" del mundo arquetípico no creado. Al igual que una imagen en un espejo, tiene sólo una existencia relativa. Su existencia se constituye a partir de esta relación con Dios. Es en este sentido que podemos decir conjuntamente con la escuela hindú de Advaita, que Dios y el mundo "no son dos" (*advaita*). El mundo creado no le agrega nada a Dios ni tampoco le saca a Dios nada. La Creación no genera ningún cambio en Él, el cambio existe en lo creatura.

Esta concepción del mundo como reflejo e imagen de Dios es completamente aceptable desde un punto de vista cristiano. De acuerdo con la tradición bíblica, el hombre es imagen de Dios; y los Padres Griegos interpretaron esto en el sentido de que el hombre (y con él toda la creación) es como un espejo elevado hacia la luz de Dios. Cada alma humana es un reflejo de esa luz no creada. Este es el rasgo del "espíritu" en el hombre, el punto en donde el ser humano recibe la marca del Espíritu de Dios. Este nuevamente es un momento dinámico, de receptividad, a través del cual o nos abrimos a la luz divina y crecemos como personas en la verdad, o nos encerramos en nosotros mismos y nos centramos en nuestro yo, oscurecidos por la ignorancia y el pecado. El espíritu en el hombre es el punto de encuentro entre él y Dios, del ser creado con la luz no creada. La luz no creada está siempre presente en cada hombre –este es su ser eterno y arquetípico– pero si recibe o no esa luz en su alma y es transformado por ella, o si rechaza esa luz y se convierte en un ser oscuro; depende del dinamismo interno del intelecto y de la voluntad y del espíritu creado en ese hombre. En este sentido, por lo tanto, podemos hablar de Dios "tomando" la forma del hombre.

El ser no creado, que es pura conciencia y bendición, habita en el corazón de cada ser humano, moldeando tanto su cuerpo como su alma. Permaneciendo por siempre en esta misma pureza de conciencia y bendición, este ser no creado entra en la conciencia del hombre, en la vida de las plantas, en la energía de la materia. Está presente en todas partes, moldeando las formas de la materia, la vida y la mente, pero permaneciendo inmutable en sí mismo.

Este concepto de un Dios personal fue desarrollado posteriormente en el Bhagavad Gita, que fue probablemente escrito en la misma época del Svetasvatara Upanishad. El Bhagavad Gita forma parte de la gran épica del Mahabharata, en el cual Vishni y no Siva está representado como la figura del Dios Supremo, especialmente en su "encarnación" como Krishna. Él, unido a Siva, es un excelente ejemplo de la evolución de un símbolo de Dios. A diferencia de Siva, que es esencialmente una figura cósmica, Krishna parece haber tenido una base histórica. El mismo Mahabharata cuenta la historia de una gran guerra, la cual, lo mismo que la Guerra de Troya de Homero, debe haber tenido un origen histórico. Pero el personaje histórico de Krishna fue rápidamente enriquecido por la leyenda y surgió gradualmente la figura del Dios Supremo, que era, al igual que Siva, un dios de amor. En el Baghavad Gita está representado como el Señor Supremo, el creador de todo lo que existe. En ninguna otra parte se encuentra tan claramente expresada la absoluta trascendencia del Dios creador que cuando Krishan dice: "Por mí, cuya forma es no manifiesta, está penetrado todo el mundo; todos los seres habitan en mí, pero yo no descanso en ellos." Y luego parece que dependen menos del mundo cuando dice: "Pero aunque no habiten en mí, contemplan mi poder soberano. Soy el apoyo de todos los seres pero no habito en ellos, yo soy responsable de su existencia."[50]

Sería un error decir, como sostienen algunas escuelas de pensamiento hindú, que este Dios creador personal es inferior al Supremo. Una y otra vez se muestra que Krisna como Dios es idéntico a Brahman y a Atman. Entonces se dice que "aquel que conoce a Brahman (*Brahmavid*) habita en Brahman o "está establecido en Brahman" (*Brahmani sthita*) su razón (*buddhi*) estable, su ilusión, ida"[51]. Y nuevamente: "Aquel cuyo espíritu (*atman*) esté desapegado de las cosas y que encuentra deleite en su espíritu, teniendo su espíritu unido por el Yoga a Brahman, disfruta de felicidad imperecedera"[52]. Un tiempo más tarde, Krishna se identifica con este Brahman, con este Atman. "Él, que me conoce, que acepta el

---

46. Svetasvatara Upanishad 5,11-12.
47. *Suma Teológica* de San Agustín 1,8,3.
48. Hechos de los Apóstoles 17,28.

sacrificio y la autodisciplina, el gran Señor de todos los mundos, y el amigo de todos los seres, adquiere la paz."[53] Está seguramente claro que Brahman, Atman y el "Gran Señor" (*Mahesvara*) son uno y el mismo. Son tres nombres para indicar la misma única realidad, vista desde un punto de vista diferente. Lo que establece el Gita más allá de toda duda es que aquel que en los Upanishads es conocido como Brahman y Atman, también es Purusha, el Dios Personal. Esto queda muy claro cuando se dice: "Hay dos espíritus (*Purushas*) en este universo, el perecedero y el imperecedero"; es decir el mundo de la materia y el mundo de la mente. "Pero existe otro Espíritu Supremo (*Purusha*) que es el Ser más elevado (*Paramatman*), el Señor incambiable, que entra y apoya a los tres mundos."[54] Aquí una vez más podemos ver claramente la estructura de los tres mundos: el mundo de la materia (lo perecedero), el mundo de la mente (o conciencia, lo imperecedero), y por encima de ambos el mundo del Espíritu que penetra los tres mundos y se manifiesta en todo. Por lo tanto las palabras Brahman, Atman y Purusha pueden ser usadas cuando se habla de estos tres mundos. Pero el espíritu mismo está más allá de la mente y la materia, más allá de lo perecedero y lo imperecedero, y es entonces conocido como *Parabrahman, Paramatman y Purushottaman* (el Supremo Brahman, el Supremo Ser y la Suprema Persona).

4. LA DOCTRINA DE LA NO DUALIDAD

Sin duda las explicaciones precedentes son necesarias porque habitualmente se cree que la doctrina Vedanta es "monista" o "panteísta", o "politeísta", pero ninguno de estos términos (que son de origen griego y no indio) es adecuado. Existen sí, interpretaciones monistas, panteístas y politeístas del Veda pero la doctrina Védica en sí, la doctrina de los Vedas, del Upanishad y del Bhagavad Gita,

---

49. *Suma Teológica* 1,15,1 ad.3.
50. Bhagavad Gita 9,4-5.
51. Bhagavad Gita 5,20.
52. Bhagavad Gita 5,21.

no es ninguna de estas cosas. Es una doctrina de suprema sabiduría, que se remonta a la más remota antigüedad bajo la forma de una revelación divina, expresada originariamente por medio de mitos y símbolos, y que luego evolucionó a través de la meditación profunda, de manera de proporcionar una perpectiva única a la última realidad, es decir, la naturaleza última del hombre y del universo.

Aunque nos haya llegado a través de la tradición hindú, no pertenece solamente a la India sino a toda la raza humana. En realidad, existe evidencia de que esta tradición era ya conocida desde los tiempos antiguos. Se la encuentra en los pueblos de África, Australia, Asia y América, que a su vez la habían recibido como herencia de sus ancestros y la habían preservado en sus sus mitos y símbolos, en sus ceremonias y ritos y en sus canciones y danzas. Se la ha llamado la Revelación Cósmica, la revelación de la Última Verdad, dada a la raza humana a través del Cosmos, es decir, a través de la Creación. Sobre este tema opina San Pablo: "Desde la misma creación del mundo, se ha percibido claramente en las cosas creadas, su naturaleza invisible, particularmente su poder eterno y su divinidad."[55] En la tradición hebrea, esta naturaleza invisible se encuentra preservada en la historia del Pacto con Noé, quien se lo representa como el Padre de toda la raza humana.

Desde el principio de la historia hasta lo que podemos recordar, el hombre ha reconocido un poder oculto por detrás de todos los fenómenos de la naturaleza y de la conciencia. O más bien, el fenómeno de la naturaleza y su propia conciencia eran percibidos como "envueltos" dentro de un todo cósmico. A medida que el hombre desarrolló su poder discriminativo, le fue posible diferenciar los poderes de la naturaleza –la tierra y el cielo, el agua y el fuego, los poderes de los dioses–, de sus propios poderes de la palabra y de la acción, de sus pensamientos y sentimientos, conociéndose a sí mismo como un ser consciente. Pero el sentido de la totalidad permaneció: la conciencia de que los dioses de la tierra y del cielo estaban también en su corazón y en su mente y que, a través del mito y del ritual, de las oraciones y sacrificios, él podía experimentar su unicidad con toda la creación.

---

53. Bhagavad Gita 5,29 cf. También 6,29. "Él ve el Ser que habita en todos los

Es este sentido de unidad cósmica el que subyace por detrás de la tradición védica; en los Upanishads esta fuente de unidad cósmica tiene un nombre. Se llama Brahman y Atman, y gradualmente, a partir de la meditación profunda, se ha revelado la naturaleza de este Brahman y este Atman. Es conocida, no por argumentos o razones, ni por ninguna otra actividad de los sentidos o de la mente racional, sino por una experiencia inmediata del espíritu, del Atman, en el hombre. Es esta experiencia del espíritu la que los Upanishads desean comunicar e interpretar en palabras, en tanto y en cuanto pueda ser expresada en palabras. Se la conoce como *Saccidananda*, Ser o Realidad, experimentado en la pura conciencia, comunicando perfecta bendición. Pero semejante estado del ser consciente es un estado de conciencia personal. Es ilusorio hablar de Brahman o Atman como "impersonal". Una persona es un ser consciente, un ser que se posee a sí mismo en conciencia consciente, y Brahman es por lo tanto la Suprema Persona, el *Purushottaman*. Cada ser humano es una persona siempre y cuando participe de esta suprema conciencia.

Cada uno de nosotros es consciente siempre y cuando compartamos esta conciencia universal. El recién nacido tiene una chispa de esta conciencia en él, que crece mientras el niño aprende a compartir a través del lenguaje, los gestos en la conciencia de su madre y padre, de su familia y su medio ambiente. El crecimiento de la conciencia es crecimiento en esta experiencia compartida de la familia, la tribu, la nación y la raza. Pero esta conciencia puede crecer más allá de los límites del tiempo y del espacio, y entrar en una conciencia trascendente, una conciencia que trasciende los límites de la materia y de la mente, las categorías del sentido y la razón, para ser consciente de la conciencia universal que abarca toda la creación. Esta es la única fuente de conciencia en el hombre y en el universo. "No existe ningún otro vidente, excepto él –dice el Upanishad– ningún otro oyente que no sea él, ningún otro observador excepto él, ningún otro conocedor, excepto él, este Ser, el gobernante interior, el inmortal."[56] Toda nuestra visión, audición, percepción y conocimiento es un efecto y a la vez una participación de la conciencia de ese único Ser universal.

---

seres y a todos los seres que habitan en el Ser", y el 6:30 que le sigue: "Él me ve

Lo que caracteriza a esta conciencia, dentro de la tradición védica, es su no dualidad. Sobre esto se dice: "En donde existe la dualidad, uno olfatea al otro, uno ve al otro, uno habla con el otro, uno escucha al otro, uno conoce al otro, pero cuando todo se ha convertido en el Ser, ¿cómo y a quién debería uno oler, ver, escuchar y hablar, percibir y conocer? ¿De qué forma debería uno conocer a aquello gracias a lo cual todo esto es conocido? ¿Por medio de qué debería uno conocer al conocedor?"[57] Esta es la premisa clásica de la doctrina de la no dualidad (*advaita*) que nos lleva al corazón del problema. ¿Cómo podría uno conocer al conocedor? La mente racional sólo puede funcionar a través de los sentidos descubriendo un "objeto" de pensamiento. Aún el pensamiento más abstracto está condicionado por esta diferenciación entre sujeto y objeto. Pero ¿cómo podemos conocer al sujeto, el yo, sin transformarlo en un objeto? En el momento que hablo de mí, de un yo, lo he transformado en un objeto. Esta es la limitación de la mente racional. Permanece prisionera dentro de las categorías de un mundo objetivo. ¿Cómo es posible escapar de la prisión de la mente racional?

En todas las tradiciones religiosas, Hindú, Budista, Musulmana y Cristiana, se ha reconocido la existencia de un conocimiento por encima de la razón, un conocimiento que no proviene de los sentidos y que no está determinado por las categorías del pensamiento racional. Este no es un conocimiento de un objeto sino de un sujeto, el Yo que conoce, no el Yo que es conocido. La tradición hindú siempre se ha referido a esto como la última forma de conocimiento, el conocimiento del Ser. Se debe reconocer que esta no es una teoría producto de la mente racional, sino que es una experiencia. La mente, volviéndose a sí misma, se conoce intuitivamente. Es una experiencia en la que el ser y el conocimiento son una unidad; es por eso que se llama *saccidananda* significando que el "ser" (*sat*) es experimentado en un acto puro de conocimiento (*cit*) en la bendición (*ananda*) de la unidad, de la no dualidad. El conocedor, lo conocido y el acto de conocer son uno. No obstante al decir esto, ya hemos comenzado a interpretar la experiencia por medio de categorías racionales, mientras que la experiencia misma se encuentra más allá

---

en todas las cosas y todas las cosas están en mí."

de la razón. No obstante, al decir esto, ya hemos comenzado a interpretar la experiencia por medio de categorías racionales, mientras que la experiencia en sí misma, está más allá de la razón. No obstante, se debería llevar a cabo el intento, porque esta experiencia ha sido a menudo mal interpretada, sosteniendo que el conocimiento derivado de los sentidos y la razón es una ilusión (*maya*) y que el mundo de la experiencia ordinaria es por lo tanto irreal. Pero esto no es así. El conocimiento a través de los de los sentidos y la razón deriva, en sí mismo, de esta conciencia universal. Es el ser único que ve, escucha y conoce en nosotros. Cada forma particular de conciencia humana es un reflejo de la conciencia única.

¿Cómo podremos, entonces, describir a este conocimiento de no-dualidad, este conocimiento del Ser? Podemos decir que el Ser único, la conciencia universal está presente en todas nuestras experiencias, pero su acción está limitada por las facultades de los sentidos y la razón. Lo que experimentamos es la realidad única, reflejada a través de los sentidos y la mente racional. Pero cuando, en la meditación, trascendemos las categorías de espacio y tiempo y la de la mente racional, experimentamos esta única realidad en sí misma. El mundo finito, temporal y cambiante de nuestra experiencia es conocido en su fundamento infinito e incambiable. Toda la multiplicidad de la creación es conocida en la simple unidad de su origen.

Pero no debemos suponer que la multiplicidad y variedad del mundo se pierde en esta cosmovisión de unidad, como si no tuviera una realidad última. Por el contrario, como ya se ha dicho: "Todo lo que está aquí está allá, y todo lo que está allá, está aquí." No existe ni una partícula de materia en el universo, ni un grano de arena, una hoja, una flor, ni un animal o ser humano, que no tenga su eterno ser contenido en ese Uno, y que no sea conocido en la visión unitiva del Uno. Lo que vemos es el reflejo de toda la belleza de la creación a través del espejo de nuestros sentidos y de nuestra imaginación, extendidos en el espacio y en el tiempo. Pero allí, en la visión del Uno, está contenida toda la multiplicidad de la creación; no en la imperfección de su convertirse, sino en la unidad de su ser. El gran Sankaracharya, doctor en Adavita Vedanta dijo sobre esto: "El conocedor de Brahman disfruta todos los deseos, todas las delicias procurables por medio de los deliciosos objetos sin excepción. ¿Él disfruta de todas las cosas deseables alternadamente como lo hacemos nosotros? No, Él disfruta de todas las cosas deseables simultáneamente, como "amasadas" en un momento único, a través de una única percepción, que es eterna… que no es diferente de la escencia de Brahman, a la que hemos descripto como verdad, conocimiento, infinitud (*satyam, jnanam, anantam*)."[58] Es un defecto de nuestras mentes el hecho de ir de un punto a otro punto, de una cosa a la otra, en un mundo siempre cambiante. Si tuviéramos perfecto conocimiento, conoceríamos el todo en todas sus partes y todos los fenómenos cambiantes de la naturaleza en una visión incambiable de perfecta unidad.

Pero la pregunta permanece. ¿Qué ocurre con el ser individual en este conocimiento del Ser único? ¿Simplemente desaparece? Aquí nuevamente es fácil malinterpretar esta experiencia de no-dualidad. No hay duda de que el individuo pierde todo sentido de separación del Uno y experimenta una total unidad, pero eso no significa que el individuo ya no exista. De la misma manera que todo elemento en la naturaleza es un único reflejo de la única Realidad, cada ser humano constituye un único centro de conciencia dentro de la conciencia universal. De la misma manera que ningún elemento de la naturaleza se pierde en la última realidad, ningún centro de conciencia individual pierde su carácter único. Participa en la conciencia universal; se conoce a sí mismo en la unidad del Ser Único; se descubre a sí mismo como persona en la Persona única. Una persona no es un centro cerrado sino más bien un centro abierto de conciencia. Es una interrelación. Cada persona crece a medida que se abre a la totalidad del ser personal, que se encuentra en la Persona Suprema, el *Purushottaman*. Esto lo encontramos en la doctrina cristiana cuando se habla del Cuerpo Místico de Cristo. Este cuerpo abarca a toda la humanidad en la unidad de la Persona Única de Cristo, y en el estado final, como dice San Agustín, existe "un solo Cristo, que se ama a sí mismo".[59]

Esta apertura de la conciencia individual sobre la conciencia universal es un movimiento de autotrascendencia. Todo crecimien-

---

54. Bhagavad Gita 15,16-17.
55. Romanos 1,20.

to en la conciencia humana es un movimiento de autotrascendencia. El ser individual crece a través del contacto con otros seres, trascendiendo los límites de su propia conciencia, a través del contacto con otra forma de conciencia. Se ha dicho que la naturaleza humana está constituida por su capacidad para autotrascender[60]. El estadio final en el crecimiento humano es alcanzado cuando la conciencia humana va más allá de sus límites naturales, más allá de las categorías de tiempo y espacio, y encuentra la Suprema Conciencia, la conciencia del Uno. Esto es lo que se describe en el lenguaje religioso como "gracia". El Katha Upanishad dice: "Aquel, a quien el Atman elige, conoce al Atman."[61] El Atman es la Suprema conciencia, el Ser Único, fuente de toda conciencia, tanto en el hombre como en el animal. En la conciencia humana existe una innata capacidad para la libertad, el poder de elegir de acuerdo con los dictados de la razón. Cuando la conciencia humana, funcionando a través de los sentidos y la razón, alcanza el límite de su capacidad, es arrastrada por la "gracia", por el poder del Espíritu (la suprema conciencia que trabaja en él); a trascender sus limitaciones personales y participar en la Conciencia Divina, la conciencia del Ser Supremo. Esto es lo que en la tradición Hindú se denomina "el cuarto estado", el estado más allá de lo físico, lo vital y lo mental, pasando más allá, hacia el estado de *ananda*, de conciencia bendita.[62]

5. EL SUPREMO SECRETO

En este punto el Gita introduce otro aspecto de la naturaleza divina, el dinamismo del amor. La culminación de la revelación del Gita es la revelación del amor divino. "Yo soy sumamente apreciado por el sabio –dice Krishna– y él me es muy querido." Hasta ahora hemos visto que el hombre puede amar a Dios y encontrar

---

56. Brihadaranyaka Upanishad 3,7,23.
57. Brihadaranyala Upanishad 2,4,13
58. Comentario sobre el Taittiriya Upanishad 2,1.
59. *Unus Christus amans seipsum*.
60. Esta teoría ha sido desarrollada en su totalidad por Karl Rahner. Ver especialmente "*Fundamento de la Fe Cristiana*" 1,3 "El hombre como Ser Trascen-

felicidad suprema en ese amor o devoción (*bhakti*). Pero ahora se ve que Dios devuelve ese amor. Esta actitud de Dios encabeza el último libro del Gita en el que Krishna pronuncia su "suprema palabra", la "más secreta" de todas, cuando dice: "Dame tú mente, dame tu corazón y tu sacrificio y tu adoración. Yo te doy mi promesa, tu vendrás a mí en verdad, porque tú me eres muy querido."[63] Esta frase abre un nuevo horizonte, revela un movimiento de amor en el divino Ser.

Siempre existe el peligro de que el Ser Divino o Realidad Absoluta sea concebida en términos estáticos. Es infinito, eterno, incambiable, mas allá del flujo del tiempo y de las divisiones del espacio, más allá de toda imaginación y de todo pensamiento. Es verdad, conocimiento e infinito (*satyam, jnanam, anantam*)[64]. Es ser, conocimiento y bendición (*saccidananda*) y este concepto de bendición puede sugerir la existencia de un movimiento en el Ser Divino, aunque a menudo ha sido simplemente interpretada como la bendición de la pura conciencia, y fue concebida, por lo tanto, como un modo estático de existencia. Sin embargo, cuando el concepto de amor es introducido en la divina naturaleza, *ananda* puede ser entonces interpretada como la bendición del amor.

Pero ¿cómo debe ser interpretado esto? Dentro de la tradición Hindú, la divina naturaleza siempre ha sido concebida como "sin dualidad" (*advaita*): es *ekam eva advitya*, "uno solo, sin un segundo". ¿Cuál es, entonces, la relación del mundo con esta única realidad? ¿Es una pura ilusión sin ninguna realidad última, o es, como hemos sugerido, un reflejo, una imagen de la realidad; el eterno, infinito, incambiable Uno, reflejado en el mundo temporal, finito y cambiante? Si esto es así, entonces todo lo que está reflejado aquí en este mundo , todos los movimientos que tienen lugar en el espacio y en el tiempo, deberán existir de alguna manera, en ese Uno eterno. Esto se aplicaría también a las relaciones humanas. El amor que existe entre un hombre y una mujer, entre los padres y los hijos, entre los amigos, es una imagen, un reflejo del amor que está en Dios, y tiene por lo tanto, un aspecto eterno. El sexo mismo es tam-

---

dente" de Darton, Longman and Todd 1978.
61. Katha Upanishad 2,23.

bién un reflejo del amor divino y ha sido siempre, por lo tanto, considerado "sagrado". Es un medio por el cual el ser humano es consciente de una parte del misterio del divino amor. Por lo tanto, debemos considerar que existe un dinamismo de amor en Dios. Toda la energía en la naturaleza, la luz, el calor, el sonido, el magnetismo y la electricidad, son un reflejo de la energía (el *Sakti*) que existe eternamente en Dios. Todo el poder de la vida en la naturaleza (de la célula viviente y el organismo, de la planta y el animal) es un reflejo de la vida que está en Dios. También todo el amor en la naturaleza humana, todos los poderes de afecto y devoción, toda la felicidad de la intimidad y del autosometimiento, son manifestaciones de un amor que está oculto en las profundidades de la divinidad.

Pensemos en esto nuevamente en términos de conciencia. Podemos experimentar amor en nuestros cuerpos en la intimidad de una unión sexual. Podemos experimentar amor en nuestras almas, en una experiencia emocional de fundirse el uno en el otro, en una experiencia imaginaria de amor extático, en una experiencia de afecto habitual que trasforma el carácter de cada una de las partes. Todas éstas son experiencias parciales del amor divino. Pero más allá de ellas está la capacidad de experimentar el amor en profundidad, yendo más allá de los sentidos, de los sentimientos y del afecto, para descubrir el poder de un amor infinito, que trasciende nuestra capacidad humana y despertándonos a la presencia del ser divino en nosotros. Este es el amor místico, el punto en el que se encuentran lo humano y lo divino.

A la luz de esta experiencia de amor que es la de los místicos de todas las épocas, podemos comenzar a ver de qué manera puede existir el amor dentro de la misma naturaleza divina, o más bien cómo esta naturaleza divina puede ser amor en sí misma. La naturaleza divina es la realidad misma, la realidad total, en la cual está contenida todo ser y de la cual provienen todos los seres de todos los niveles de existencia. Este ser, esta realidad, es pura conciencia, totalmente transparente a sí misma, reflejándose no sólo en el mundo del espacio y del tiempo y de la conciencia humana; sino también en su propio ser, un puro reflejo del ser sobre sí mismo, poseyéndose a sí mismo, en perfecta conciencia, conociéndose a sí mismo en una perfecta unidad del ser y conociendo "sin dualidad".

Pero este ser divino, esta realidad absoluta también es amor; es una comunión, una autoentrega en el amor. A través del conocimiento nos reflejamos a nosotros mismos y reflejamos a toda la creación en el espejo de nosotros mismos. Pero en el amor nos damos a nosotros mismos, nos comunicamos con otro, trascendemos a nosotros mismos en un auto sometimiento. De igual manera, en el ser divino, en la absoluta realidad, también existe un movimiento de amor, una auto entrega, un auto sometimiento. Dios se da a sí mismo al hombre, le comunica su propio espíritu, su ser interior; y esto en cambio, refleja un movimiento de auto entrega, de auto sometimiento de la divinidad: entonces el movimiento de auto conocimiento, de auto reflexión, de auto conciencia en Dios, está acompañado por otro movimiento de auto entrega, de auto rendición, de amor extático.

Retornemos nuevamente al concepto de los tres mundos. El mundo físico –se ha aceptado ahora– es un campo de energías, una "red" de relaciones interdependientes, en la cual cada objeto está relacionado con cada otro objeto, y la totalidad está presente en cada parte. De la misma manera, en el mundo psicológico cada persona es un "centro" y cada una participa de acuerdo con su capacidad dentro de la conciencia universal, que es la que abarca todos estos "centros". Esta conciencia universal ha sido comparada con un punto, que es centro de un círculo, desde el cual los radios se proyectan en todas direcciones. Todos los radios están contenidos en este punto y al mismo tiempo están relacionados con él, ya que cada radio existe solamente en relación a él. Otra comparación posible es la del sol, que envía sus rayos en todas direcciones. Cada cosa creada es un rayo de esta luz que se diversifica en todos los colores del arco iris, de acuerdo con la naturaleza del objeto que la recibe, pero permanece en sí misma como pura y blanca luz. Estas son sólo imágenes, pero nos ayudan a ver cómo el mundo, tanto físico como psicológico, proviene de ese ser supremo y al mismo tiempo lo refleja de acuerdo con la diversidad de naturalezas existentes en él; mientras que el Ser Supremo permanece por siempre inalterable, y contiene dentro de sí mismo toda la multiplicidad de las criaturas en sus principios o "ideas" en la simple unidad de su ser. Es en este sentido que podemos decir que el Ser Supremo es "sin dualidad". No hay nada en la creación que no esté contenido en Él, no hay forma, energía, vida o conciencia dispersos en el tiempo y en el espacio, sino unidos en el momento sin tiempo y en el punto sin espacio de su propio infinito y eterno ser.

Surge entonces la pregunta: ¿sobrevive el alma individual o conciencia en este último estado del ser? A este respecto debemos decir que cada alma individual es un centro de conciencia que está abierta a cualquiera otra y a la conciencia universal misma. En su realización final, participa de la conciencia del ser supremo y refleja también en sí misma, los otros centros de conciencia, pero, al mismo tiempo no deja de ser un único centro de conciencia. El verdadero propósito de la creación era que el Uno pudiera comunicarse con la multiplicidad, que los seres temporales y finitos pudieran participar en el ser infinito y eterno, ser conscientes del Uno y experimentar así la bendición (*Saccidananda*) del Supremo. Y esta bendición es una bendición de amor. El amor busca comunicarse a sí mismo y el propósito del amor no estaría satisfecho si no hubiera alguien para compartir ese amor.

¿Significa esto que existe dualidad en la divinidad? Es aquí en que entra en juego el concepto de relación y co-inherencia que fue desarrollado en la doctrina cristiana de la Trinidad. Aunque no existe dualidad en la divinidad, existe una relación (relación de conocimiento y de amor). A través del conocimiento recibimos la forma de otro ser en nuestro interior, nos convertimos en ese otro ser, por una mutua "co-inherencia". Esta situación se plantea mayormente en las relaciones personales. A través del amor nos comunicamos con otras personas y ellas se comunican con nosotros. Existe una mutua auto-entrega que se disfruta en la unión sexual, pero esto tiene lugar en un nivel más profundo de conciencia, en el que existe una completa co-habitación. Yo en ti y tú en mí. Esta comunión nunca se realiza totalmente dentro de la vida humana, mientras que en la vida divina, esto es completado en su totalidad. Esto es lo que se revela en el Evangelio de Juan, cuando Jesús dice: "Yo estoy en el Padre y el Padre está en Mí."[65] Esta no es una simple identidad, Él no dice "Yo soy el Padre", sino que plantea una relación de

---

62. cf. también Taittiriya Upanishad 3,2-6 en las cinco "fundas" (*Kosas*) de la

conocimiento y amor. Sin embargo, al mismo tiempo, existe una perfecta co-habitación. El Padre está en el Hijo y el Hijo está en el Padre, de tal manera que tienen sólo una naturaleza que se manifiesta totalmente en cada uno sin ninguna dualidad. No existe diferencia entre el Padre y el Hijo excepto la que plantea la relación. Su naturaleza y esencia es una, "sin dualidad", sin ninguna clase de diferencia.

Parecería que esta doctrina nos ayuda a ver cómo puede haber conocimiento y amor en la Divinidad, es decir, en la realidad última; mientras que eternamente permanece "sin dualidad". Y también nos permite ver cómo los seres creados pueden llegar a compartir en este modo no dual de ser y conciencia.

En un momento dado Jesús reza por sus discípulos para que "puedan ser uno, como Tú en Mí y Yo en Ti, que puedan ser Uno en nosotros."[66] A través del regalo del Espíritu que manifiesta la realidad no-dual de la divinidad, la conciencia humana es elevada a participar en la conciencia divina. El Espíritu es lo femenino o el aspecto receptivo de la divinidad, tal como el Hijo es lo masculino o el aspecto expresivo. El Padre se conoce a sí mismo en el Hijo y se comunica a sí mismo en el Espíritu. El Espíritu es el poder receptivo en la Divinidad, que recibe la señal del Hijo; la Palabra y el amor que fluye del Padre al Hijo y del Hijo al Padre y que retorna a ellos. Este amor no es diferente del ser no-dual de la Divinidad. Es un aspecto de ese Ser que es idéntico en esencia con ello. Este es el espíritu que es comunicado a nuestro espíritu humano, para que participemos en ese amor, que es la verdadera esencia de la divinidad. Tal como dice San Pablo "el Espíritu de Dios es testigo con nuestro espíritu de que somos hijos de Dios"[67]. Por el Espíritu, por lo tanto, se nos otorga el poder receptivo que nos permite participar de la naturaleza interior de la divinidad. Participamos en el conocimiento que el Hijo tiene del Padre, y del amor que fluye del Padre al Hijo y hacia toda la creación

Este concepto de co-habitación, de mutua morada del Padre en el Hijo y el Hijo en el Padre a través del Espíritu de amor, nos

---
conciencia.
63. Bhagavad Gita 7,17 y 18,65.

ayuda a comprender, no solamente la naturaleza de la divinidad, sino también la naturaleza de las relaciones humanas dentro de la divinidad. Cuando la naturaleza humana es tomada por el Espíritu para el conocimiento y el amor del Padre y del Hijo; la conciencia humana se abre hacia una forma divina de conciencia. Cada conciencia humana es expandida para poder así abarcar todas las demás esferas de conciencia, tanto la de los dioses o ángeles como la de los hombres. Existe una mutua interpenetración en todos los niveles. Cada ser se hace transparente a cada otro ser, cada uno refleja al otro y a la totalidad. Esto fue bellamente expresado por Plotino cuando dijo: "Todo es transparente, nada es oscuro, nada es resistente, cada ser es lúcido para con cada otro en ancho y en profundidad; la luz corre a través de la luz y cada uno de ellos contiene al todo dentro de sí mismo; y al mismo tiempo ve al todo en cada uno, de manera que en todas partes existe todo, y todo es todo y cada cosa, e infinita la gloria."[68] Esta es la visión de la última realidad, que nos llega desde la filosofía perenne. Es común a Grecia y a la India, a China y a Arabia, y también se la encuentra en la doctrina Cristiana del Cuerpo Místico de Cristo, en la que cada criatura participa, a través de la presencia del Espíritu, habitando la vida interior de la divinidad y cada uno refleja la gloria en el otro "siendo cambiado de la gloria a la gloria como por el Espíritu del Señor"[69].

---

64. Taittiriya Upanishad 2,2.
65. Juan 14,10.
66. Juan 17,21.
67. Romanos 8,16.
68. Plotino, *Enneades* 5,8:4.
69. 2 Corintios 3,18.

Capítulo III
La revelación judía

I. LA MITOLOGÍA DEL ANTIGUO TESTAMENTO

Cuando hablamos sobre Dios o del Absoluto o de la última Realidad, siempre debemos recordar que estamos usando términos análogos. Esta es la regla de todos los discursos religiosos. No hay palabras que puedan expresar lo que Dios es, ni cual es la naturaleza de la última Verdad. Solamente podemos usar imágenes y conceptos que surgen de nuestra experiencia humana, que es siempre limitada cuando se refiere a la última verdad. Nuestras imágenes y conceptos provienen del mundo material y no importa cuánto sean refinados por la razón; siempre serán inadecuados para describir lo que subyace más allá del mundo material. Tampoco se puede describir adecuadamente el alma humana. Se la conoce a través de su experiencia en el cuerpo pero normalmente nunca llegamos a conocernos como realmente somos.

No obstante existe una forma de experiencia que trasciende tanto al cuerpo como al alma, una experiencia del Espíritu, que no es meramente racional y por lo tanto dependiente de los sentidos, sino intuitiva, un enfoque directo que no viene del alma y sus facultades sino del Espíritu mismo, el absoluto, que está presente en el fundamento del alma de cada ser humano y se revela a sí mismo a aquellos que lo buscan. Pero no obstante, cuando comenzamos a hablar de esa experiencia, deberemos utilizar una vez más el lenguaje de los sentidos y la razón, y por lo tanto nunca podrá ser expresada apropiadamente la realidad de aquello que hemos experimentado.

Esta limitación se impone siempre en todo lenguaje humano. Como hemos visto, el lenguaje de los Vedas, de los Upanishads, y del Bhagavad Gita, va tan lejos como le es posible, intentando romper esta barrera. *Brahman*, *Atman y Purusha* son palabras que han sido tan refinadas al calor de la experiencia mística, que indican con extraordinaria fuerza y precisión la naturaleza de esa última realidad de la que son testigos; pero solamente un salto de fe, un despertar de la cosmovisión intuitiva, puede llevarnos más allá de las palabras, hasta la verdad que significan. Sucede lo mismo con el lenguaje de la Biblia. La Biblia se generó dentro del mundo semítico de Medio Oriente, que es muy diferente del mundo de la antigua India y del Extremo Oriente. Tiene sus propias imágenes y conceptos, símbolos derivados de una única experiencia del pueblo de Israel, sin embargo, todas estas palabras y símbolos están históricamente condicionados. En general, la Biblia es descripta como la Palabra de Dios, pero es la palabra de Dios expresada a través de las palabras de los hombres con las inevitables limitaciones de todas las palabras humanas. Solamente por la fe, es decir a través de una comprensión intuitiva (que va más allá de la letra hasta alcanzar el Espíritu, lo que nos permite compartir las experiencia de los profetas y las sagas del Antiguo Testamento), podremos aprender algo de esa verdad, de esa realidad, de la cual buscaron ser testigos.

Cuando comencé a leer la Biblia por primera vez, era para mí como la literatura, como un trabajo de la imaginación, que me interesaba; ahora cuando vuelvo a ella, es como un trabajo de suprema imaginación que me sigue interesando. Hay en ella historia y moralidad, y algo de filosofía y teología, pero esencialmente es un trabajo de genio imaginativo en el sentido profundo que le asignan Wordaworth y Coleridge al término "imaginación": "una comprensión de la última realidad", o como lo pone Blake en un lenguaje más poético: "El divino cuerpo del Señor Jesús, que es bendecido para siempre." En otras palabras, el lenguaje de la imaginación es parte del proceso de la encarnación. Dios, la Suprema Realidad, se manifiesta a sí mismo en la totalidad de la Creación.

Cada cosa material es, en realidad, una clase de encarnación, una expresión en términos de materia, energía y vida, de la Realidad Suprema única. En el alma humana, esta Única Realidad, esta suprema verdad, se refleja primero en la imaginación, en aquellas imágenes arquetípicas que estructuran nuestra conciencia. Es a través de estas imágenes primitivas, expresadas en símbolos, que la verdad se revela a sí misma gradualmente y entonces Dios se hace conocer al hombre. Antes de ser revelada como Logos o Razón; la verdad se hace conocer a través del Mito, de la Imagen. Es en este sentido que podemos hablar de una mitología del Antiguo Testamento. La Biblia utiliza habitualmente el lenguaje del mito y del símbolo y, aun cuando exista una base histórica para la historia, se la rehace por medio de la imaginación, transformándola en un mito, es decir en una expresión simbólica de la Última Realidad.

Es errado imaginar que el lenguaje de la razón abstracta nos lleva más cerca de Dios o de la Realidad, que la imaginación concreta. Goethe ha escrito muy acertadamente que "un hombre que nace y es educado en las llamadas ciencias exactas, al alcanzar lo máximo de su razón analítica, no podrá comprender fácilmente la existencia de una imaginación concreta exacta".[1] Durante siglos, el mundo occidental ha estado dominado por la "razón analítica" manifestada en "las llamadas ciencias exactas", de manera que es casi incapaz de comprender el lenguaje de la imaginación.

No obstante, todos los libros sagrados del mundo: la Biblia, los Vedas, el Corán, fueron escritos en lenguaje poético y simbólico y es por esa razón que puede obtenerse cualquier conocimiento verdadero (para diferenciarlo de lo que Newman denominó conocimiento "nocional") sobre la verdad última. El lenguaje del mito y la poesía, de la imaginación concreta, involucra los sentidos, los sentimientos, los afectos y los deseos al igual que la razón, y por lo tanto nos lleva a la transformación del hombre en su totalidad. Es en este sentido que podemos decir que el lenguaje de la imaginación puede ser un cierto tipo de encarnación.

Santo Tomás de Aquino tradujo la revelación bíblica a los conceptos formales de la razón analítica. Fue un logro importantísimo

---

1. Citado en *La Mente Desheredada* (*The Disinherited mind*) de Erich Héller (Bowes and Bowes, Londres y Barnes y Noble, Nueva York, 1971).

y tiene un valor permanente, pero estos conceptos abstractos nunca podrán tomar el lugar del rico e imaginativo lenguaje de la Biblia; de la misma manera que los "dogmas" o las fórmulas abstractas de fe son un pobre sustituto de los símbolos vivientes del Nuevo Testamento.

Es entonces que deberemos encarar la revelación bíblica, a través de un trabajo del genio imaginativo, o en otras palabras, como una mitología. La palabra "mito" ha perdido hoy su sentido peyorativo reconociéndolo universalmente como el lenguaje de la visión imaginativa de la Última Realidad, que no solamente revela la verdad bajo un símbolo, sino que también posibilita, a aquellos que reciben el mito, a participar en la experiencia del poeta o profeta que lo comunica.

Conocer adecuadamente un mito significa ser iniciado en una única experiencia de la realidad. Sabemos cómo la vida de las tribus primitivas estaba dominada por el mito, que les había llegado de épocas pasadas y fue transmitido a las sucesivas generaciones por videntes que a su vez habían experimentado ellos mismos el misterio encerrado en él. De la misma manera, el mito del Antiguo Testamento fue revelado a los Patriarcas y Profetas y transmitido a través de las Escrituras, de manera que cada israelita pudiera participar en el divino misterio, que había sido revelado a sus ancestros. Esto es un proceso orgánico. El mito crece gradualmente durante el proceso de transmisión, y a medida que nuevas revelaciones son recibidas por parte de los adivinos o profetas, su significado último se hace gradualmente consciente. Este proceso no se detuvo con el Antiguo Testamento, sino que, por el contrario, y de acuerdo con la creencia cristiana, fue en Jesús de Nazareth que el mito del Antiguo Testamento alcanzó su último y definitivo significado.

Un mito tiene siempre tres significados implícitos. Tiene en primer lugar una base en la naturaleza o en la historia, es decir, en el mundo fenoménico. En segundo lugar tiene un significado psicológico, una aplicación a la experiencia humana, tanto social como individual. Finalmente tiene un significado espiritual, reflejando un aspecto de la última realidad o verdad. Encontramos mitos de la naturaleza en el Antiguo Testamento, en especial el Mito de la Creación en el Capítulo Primero del Génesis; que nos lleva al Mito de la Nueva Creación, y que culmina en el mito del Nuevo Cielo y la Nueva Tierra en la Revelación de San Juan.

Pero en Israel, el mito siempre tiende a tener una base histórica, y, a diferencia de la tradición hindú, esta base histórica crece continuamente en importancia. Aun a la historia de Adán y Eva, que por supuesto, no tiene base en la historia, y es un mito "puro" (una historia simbólica que revela el estado original del hombre y su caída hasta su condición presente) se le atribuye una base pseudo-histórica que la conecta con las generaciones posteriores, tal cual lo relata el folclore hebreo. Las historias del Diluvio y de la Torre de Babel, aunque escencialmente mitológicas, pueden tener cierta base histórica. Pero es cuando llegamos a los patriarcas, a los padres fundadores de Israel, cuando entramos más definitivamente en el mundo de la historia.

Aunque las historias de los Patriarcas parecen haber sido unificadas a partir de diferentes fuentes legendarias[2], ciertamente sí tienen su base en la historia; al igual que la historia de *Ramayana* y el *Mahabharta* en la India y la *Ilíada* y la *Odisea* de Homero en Grecia. Pero lo que es sorprendente aquí es el desarrollo imaginativo de estas historias. Aquí podemos ver "en funcionamiento" la imaginación creativa del pueblo Hebreo, que le imprime un carácter profundamente psicológico a sus historias y que por sobre todo las ve como revelaciones de la conducción divina en la historia de Israel. En la historia de Moisés y en el Éxodo, nos encontramos aún en el mundo del mito pero la base histórica es más firme y el genio imaginativo del pueblo hebreo, inspirado por los grandes profetas, ha dejado constancia de la revelación de Yavé como el Dios de Israel y del despertar de los hebreos a su identidad como pueblo, con su propia ley que les fue entregada por Dios.

Yavé, por supuesto, al igual que el antiguo Elohim, es originariamente una figura mitológica. Su asociación con las nubes y el trueno en el Monte Sinaí sugiere que al principio fue un dios del trueno, similar a Indra, en la India, y a Zeus y Júpiter en Grecia y Roma. Más tarde, se transformó en el dios tribal de Israel, tomando su ubicación dentro de todos los otros dioses. Pero muy pronto

---

2. cf. R de Vaux, "*La Historia temprana de Israel*" (*The early history of Israel*) Darton, Longmann and Todd, 1978.

Yavé fue identificado con Elohim. Elohim es una palabra que puede ser comparada con el Brahman hindú. Significa el misterio sagrado, la esfera de lo "sagrado" como la llamó Rudolf Otto; el mundo de los dioses. Es significativo que la palabra "Elohim" sea plural y que claramente su origen se remonte a un tiempo en que Israel reconocía a muchos dioses. Puede inclusive ser usada como "fantasma", como cuando la bruja de Endor llama al fantasma de Samuel[3]. En otras palabras, significaba el mundo sobrenatural, el mundo de los espíritus. Sólo gradualmente reconoció Israel que Yavé era el único Dios y que el nombre Elhoim, ahora usado en singular, podría ser asignado a Él solamente. En este sentido, el desarrollo de la religión en Israel fue opuesto a la evolución que se dio en la India. Allí, se terminó reconociendo que todos los dioses (*devas*) eran formas y nombres del Dios Único, la Suprema Realidad, que no tiene ni nombre ni forma. En Israel, el nombre de Yavé le fue dado al único Dios y todos los otros dioses eran considerados, en primer lugar, inferiores a Él[4] y luego como nada comparables a Él [5]. Pero también se reconocía un mundo de espíritus, de ángeles y demonios (correlativos a los *devas* y a los *asuras* de la tradición hindú, y probablemente derivados de la influencia persa durante el cautiverio israelita en Babilonia).

Lo que diferencia a la Revelación judía de la védica es el énfasis puesto en el carácter moral de Yavé. El Brahman del hinduismo fue descripto como *Saccidananda* (ser, conciencia y bendición), y el énfasis siempre fue puesto en la conciencia. Para el hindú, el ascenso a Dios es un ascenso a un nivel superior de conciencia y eventualmente a la Suprema Conciencia que es también bendición perfecta. Esto, por supuesto, implicaba un crecimiento en la moralidad, y el *dharma* o rectitud era visto como una condición necesaria para alcanzar una conciencia superior. Krishna, en el Bhagavad Gita, la figura del dios personal, al que también se lo llama "Supremo Brahman", es el "guardián de la ley eterna" (*sanatana dharma*). Pero el absoluto es normalmente concebido en términos del ser, verdad, bendición y no-dualidad antes que en términos de rectitud.

---

3. 1 Samuel 28,13.
4. Salmos 95,3.
5. Salmos 96,5.

El Dios de Israel, por otro lado, es esencialmente un dios "sagrado", cuyas características son la rectitud (*sadiq*) y la ternura-amorosa (*hesed*). Es verdad que originariamente Yavé fue concebido como un ser moralmente muy imperfecto, teniendo en cuenta los niveles de moralidad del pueblo hebreo. Existe un aspecto demoníaco en Yavé que se percibe en la extraña historia en la que "buscaba matar" a Moisés[6] y en la que de hecho mató, en su enojo a Uzzah, porque había tocado el arca de Dios.[7] Aún más grave es la historia de la Pascua, en la que se dice que Yavé "pasaba de largo" las casas de los israelitas porque tenían sangre en sus puertas, mientras que asesinaba cruelmente a los hijos primogénitos de los egipcios[8]. Finalmente, y lo más impactante de todo, es la observancia del *herem*, por lo cual toda una ciudad iba a ser destruida y sus hombres, mujeres y niños asesinados como acto de devoción a Yavé[9]. Con el paso del tiempo, el enojo de Yavé fue visto cada vez más como un juicio al pecado, pero no obstante, para los grandes profetas, el juicio de Dios es visto como cayendo sin discriminación sobre pueblos y naciones enteras; concepto que se mantiene aún en el Nuevo Testamento, especialmente en el Libro del Apocalipsis.

Entonces, el Judaísmo y el Cristianismo, junto con el Islam, que heredó la misma tradición, siempre tuvieron que competir con el concepto de una deidad furiosa, cuyas acciones a menudo no pueden ser encuadradas dentro de una moral elemental y cuyos juicios parecen muy lejanos a los requerimientos del amor. El mismo problema relacionado con el aspecto "terrible" de Dios se encuentra en el Hinduismo, cuando se habla de Siva, el destructor y de Kali, la diosa de la ira, con su rostro goteando sangre, rodeada de serpientes y sosteniendo cabezas humanas y cráneos. Pero Siva es también el "destructor del pecado" y el dios de gracia infinita, y Kali es la Madre, la encarnación del amor y la bendición. Vemos entonces, que toda religión se enfrenta con este problema de la justicia y la piedad, la ira y el amor, la ley y la gracia, y, en un sentido, creo que

---

6. Éxodo 4,24.
7. 2 Samuel 6,7.
8. Éxodo 12,29.
9. Deuteronomio 2,34, cf. 1 Samuel 15,3.

este conflicto nunca será resuelto, mientras permanezcamos en el nivel de la dualidad.

Es solamente cuando vayamos más allá de todas las dualidades que encontraremos la reconciliación final. Tal vez el problema es más profundo cuando nos referimos a la doctrina cristiana del infierno y del castigo eterno. Tanto en el Hinduismo como en el Budismo, el infierno es un estado temporario y nadie es condenado al castigo eterno. Pero la doctrina cristiana del infierno está firmemente arraigada en el Nuevo Testamento y en las enseñanza del mismo Jesús, sobre todo en la hermosa parábola del juicio final.[10] La razón para esto parecería ser que la mente hebrea no hubiera podido concebir la eternidad como un estado más allá del tiempo. La Eternidad siempre fue imaginada como una extensión en el tiempo, "por siempre y para siempre". Este es el defecto de la mentalidad hebrea. Su imaginación fue maravillosamente desarrollada penetrando los niveles más profundos de la realidad, pero la mente metafísica –que es tan fuerte dentro de los hindúes y los griegos– y la capacidad de ir más allá de las imágenes y conceptos experimentando el ser sin tiempo y sin espacio más allá, fue algo que faltó en los hebreos, y –parecería ser– en la mentalidad semítica en general. Como resultado de esto, los hebreos concebían al cielo y al infierno en términos espaciales y temporales. Jesús –por supuesto– hablaba en parábolas en forma deliberada y su lenguaje es siempre simbólico, pero en el curso del tiempo, sus palabras fueron tomadas con una exactitud literal. El resultado de esto fue la doctrina del castigo eterno, la más dura jamás predicada por ninguna otra religión.

Es en este punto en que podemos ver la importancia de la interpretación de la revelación judía en términos mitológicos. El mito es una historia simbólica que surge de las profundidades de la experiencia humana del mundo de la naturaleza y de la historia en la que el hombre estuvo involucrado. Como tal, tiene el poder de crecer orgánicamente dependiendo del desarrollo de la conciencia racional y moral en el hombre, bajo la guía o la inspiración del Espíritu interior. A medida que la conciencia humana evoluciona, el mito,

---

10. Mateo 25,31-46.

guiado por el Espíritu, es reformado y reinterpretado, asimilando a menudo nuevos elementos y descartando los viejos. Podemos observar este proceso en la evolución del Antiguo Testamento, cuando la historia épica de Israel, su éxodo de Egipto, su travesía en el desierto, su entrada en la tierra prometida, fue reescrita y reinterpretada por sucesivas generaciones. Desde el tiempo de Salomón (900AC) hasta el regreso del exilio en Babilonia (500AC), la historia fue escrita no menos de cuatro veces, a medida que surgían –a través de la inspiración de los profetas– nuevas interpretaciones sobre el significado de la historia de Israel, y su lugar en el plan de Dios[11]. En el tiempo de David y Salomón, Israel había emergido a la luz de la historia y el mito tenía ahora, un fundamento histórico claro, sin haber perdido, por supuesto, su carácter mítico.

Un nuevo mito del Mesías y su Reino surgió a partir de las condiciones históricas de Israel, en tiempos de David, cuando David fue ungido rey, como Mesías –el "ungido"–, y se estableció firmemente el reino de Israel[12]. Pero cuando el reino se dividió, luego de la muerte de Salomón, e Israel se encontró nuevamente sujeto a leyes extranjeras; el mito del Mesías y su Reino fue proyectado, no hacia el pasado, como en el mito de Éxodo, sino hacia el futuro. Vendría un nuevo rey como David y restablecería el reino de Israel[13]. Es este mismo mito que se perpetúa en el Nuevo Testamento con la promesa hecha a María de que a su hijo le sería otorgado el trono de su padre David y que reinaría sobre la casa de Jacob.[14]

Una vez que hayamos entendido el carácter mitológico de la historia bíblica, todo ocupará su lugar. Desde el principio al fin: desde la historia de la Creación del mundo y la caída del hombre en el Génesis, a través de las historias de Noé y el Diluvio, de los patriar-

---

11. De acuerdo con la teoría generalmente aceptada de las cuatro fuentes en relación a la temprana historia de Israel (I) J –el relato Yavédico, usando el nombre de Yaveh para nombrar a Dios, compuesto en el siglo IX (AC).– (II) E –el relato Eloísta, usando el nombre de Elhoim para Dios y escrito en el siglo VIII.(AC)- (III) D-el autor del Deuteronomio, escrito en el siglo VII(AC).– Esta teoría puede no ser exacta, pero probablemente representa los lineamientos principales de la evolución del Antiguo Testamento.
12. 2 Samuel 7,1-17.
13. cf. Ezequiel 37,24-5.
14. Lucas 1,32-3.

cas, Abraham, Issac y Jacob, del Éxodo de Moisés y del viaje a través del desierto, de la entrada a la tierra prometida y del establecimiento del reino con el rey David, y finalmente, la construcción del templo bajo el reinado de Salomón, cuando Israel alcanza la cúspide de su grandeza; la historia de Israel es vista como una historia épica, en la cual se revela el propósito de Dios en la creación del hombre. La historia tiene una base histórica que se ha ido afirmando con el transcurso del tiempo, pero es siempre el significado simbólico, la revelación de la acción del Espíritu de Dios en la historia humana, lo más importante.

Este es el fundamento del significado "alegórico" de la Biblia, tal como lo entendieron los Padres de la Iglesia. El sentido literal o histórico fue siempre considerado fundamental, aunque generalmente se les asignaba a los relatos un valor histórico tal como los que aparecen en el Libro del Génesis, que eran ajenos a su verdadero carácter. Pero el sentido psicológico o moral; la aplicación de la historia a la vida espiritual y moral del hombre, era considerado aún más importante. Por sobre todo estaba el sentido alegórico y analógico, el significado de la historia para cumplimentar el propósito final de la historia humana y el fin último del hombre. Le debemos a Orígenes –el gran exegeta bíblico del Siglo III–, una concepción maravillosa de este significado universal de las Escrituras; pero, en tiempos recientes, a partir de la evolución del racionalismo en Europa, ha prevalecido una cruda interpretación literal de la Biblia. No obstante, en nuestros días, a partir de una comprensión más profunda del significado y valor del mito y de un crecimiento orgánico de la conciencia religiosa, podemos recobrar algo de esta profunda comprensión de la Biblia y de otras escrituras y tradiciones. Estamos hoy en posición de considerar los grandes temas del Antiguo Testamento como los elementos de un gran mito, un relato simbólico basado –en diferentes grados–, en la historia, pero que siempre está buscando revelar el propósito último de la historia humana, y el sentido último del hombre y del universo.

2. EL MITO DE LA NUEVA CREACIÓN

La Biblia comienza con la historia de la creación del mundo en el libro del Génesis cuando: "Dios creó los cielos y la tierra"; y finaliza con la historia de la nueva creación en el Libro de la Revelación de San Juan cuando él dice: "Yo vi un nuevo cielo y una nueva tierra."[15] Toda la historia de la Biblia está entonces encuadrada dentro del contexto del mito cósmico de la creación, destrucción y re-creación. Pero esto no es similar al antiguo mito del "eterno retorno" –un movimiento cíclico de emanación y disolución, seguido por otro período de emanación y disolución–, sino que más bien es un movimiento progresivo hacia un estado final. La Nueva Creación del Apocalipsis no es un estado seguido por otro estadio de disolución, sino la consumación final de todas las cosas, en donde toda la creación es conducida hacia la vida divina, trascendiendo su estado actual de existencia en el espacio y en el tiempo, hasta alcanzar su estado final de realización, cuando como dice San Pablo: "Todas las cosas serán llevadas a la cima, las cosas del cielo y las cosas de la tierra."[16] Este es el plan de Dios que fue revelado de manera gradual en el Antiguo Testamento y totalmente cumplimentado en el Nuevo. No es sólo la humanidad toda la que está contemplada en este plan, sino toda la creación, tanto el cielo como la tierra. Es más, al hablar de "cielo" la Biblia no se refiere sólo al firmamento. Como hemos visto, en el mundo antiguo, la materia nunca fue concebida fuera de la mente, el consciente y el inconsciente permanecían unidos en una unidad orgánica por el poder del Supremo Espíritu. Por lo tanto los Cielos no eran simplemente el firmamento, sino la morada de Dios. Cuando Jesús les enseñó a sus discípulos a orar a "Nuestro Padre del Cielo", hablaba no del cielo material sino del cielo espiritual, o en todo caso utilizaba la palabra en su sentido primordial como la morada de Dios (el Espíritu Supremo, que abarca el mundo material y espiritual en una unidad orgánica).

Los "siete días de la Creación" fueron interpretados de diferente manera por la iglesia primitiva. La escuela de Antioquía, cuyo repre-

---

15. Apocalipsis 21,1.
16. Efesios 1,10.

sentante fue San Juan Crisóstomo, se atuvo a la interpretación literal, suponiendo que todo el mundo había sido creado literalmente en siete días; pero la Escuela de Alejandría, cuyos exponentes fueron Clemente y Orígenes, entendió el mensaje de las Escrituras como principalmente "alegórico" o simbólico. Para ellos, toda la creación provino de Dios en un acto único de poder divino, y los siete días significaban meramente la adaptación del "misterio de la creación" a la comprensión humana. Pero había otra Escuela, representada por San Gregorio de Nicea en Oriente, y por San Agustín en Occidente, que sostenía, conjuntamente con la Escuela de Alejandría, que el mundo había sido creado en un momento en el tiempo, por un acto único del poder divino, pero producido, no en la forma en que lo conocemos hoy, sino en su "potencialidad". De acuerdo con San Gregorio, Dios creó, no las formas de las cosas como existen hoy, sino que creó ciertos "poderes" y "energías" que estaban destinados a desarrollarse en el curso del tiempo hasta alcanzar las formas actuales de la naturaleza. Los siete días de la creación fueron simplemente interpretados como estadios en la evolución de estas energías primordiales de acuerdo con lo que llamó el "orden necesario". De la misma manera, San Agustín, habló del mundo creado en "sus causas" o "principios seminales" (*rationes seminales*), es decir que ciertos principios fueron implantados en la naturaleza desde el principio, como semillas, que estaban destinadas a desarrollar sus formas específicas de acuerdo con las leyes o tendencias inherentes en ellas. Puede verse qué tan cerca se llega –a través de este enfoque–, a la teoría moderna de la evolución del universo[17].

Según este punto de vista, se cree que toda la creación parece evolucionar a partir de ciertos principios elementales, poderes o causas, que fueron creados por Dios en el principio de los tiempos, destinados a desarrollarse en las formas de la naturaleza, como las conocemos hoy, de acuerdo con sus propias leyes intrínsecas. Todo este proceso fue puesto en movimiento por el poder divino y dirigido a través del curso de su evolución, por la sabiduría divina, formando un todo orgánico que se atiene a sus propias leyes intrínse-

---

17. Los textos citados pueden encontrarse en *La Evolución y la Teología* (*Evolution and Theology*) por E. C. Messenger.

cas. En este proceso, el hombre era visto como el término final de la evolución. Porque su cuerpo está ligado con todo el curso de la evolución y marca el límite del desdoblamiento de esos poderes originales de la naturaleza. Aunque al mismo tiempo este cuerpo humano está informado por un alma racional, que lo eleva por sobre el orden de la naturaleza, y le brinda una relación directa con Dios. Entonces el hombre se ubica entre el mundo material y el espiritual, formando parte de la naturaleza de ambos, y constituyendo el nexo entre los dos. Esta es escencialmente la ubicación del hombre dentro de la cosmovisión cristiana. Se ubica a la cabeza de la naturaleza, trayendo todos los poderes originales de la naturaleza a su nivel más alto de evolución, de tal manera que en él se hacen conscientes todas esas energías que habían estado funcionando inconscientemente en el corazón de la materia desde el principio. La naturaleza en él, recibe una nueva dirección abriéndose completamente al mundo del espíritu. Podemos decir que la naturaleza se hace consciente en el hombre. Pero ¿cuál es el final de este proceso, cuál es el término de esta evolución? Esta es una pregunta que ni la ciencia ni la filosofía pueden responder. Los filósofos pueden jugar con la idea de un "superhombre" pero está claramente más allá de su poder, concebir cuál sería su naturaleza. Porque un nuevo estadio en la evolución debe trascender nuestro presente estado de conciencia; de la misma manera que el estado presente del hombre trasciende el del animal, o como el estado animal trasciende el de la planta.

Si existe un estado más elevado del ser que el del hombre, sólo se nos hará conocido a través de una revelación de un estado más elevado de conciencia. Cada tradición religiosa revela algo de este estado trascendente, y la revelación bíblica por lo tanto, puede ser vista como un desdoblamiento gradual de este misterio de una "nueva creación", un pasaje más allá de este mundo presente hacia un nuevo estado de ser y de conciencia.

Este pasaje de lo temporal a la eternidad, de la creación a una nueva creación, fue simbolizado en la historia de la creación por el "descanso" de Dios. "Y Dios descansó –se dice– en el séptimo día, de todo su trabajo"[18]. Los seis días de la creación representan la se-

---

18. Génesis 2,2.

mana de tiempo y la actividad terrenal, mientras que el séptimo día es el día de la eternidad, cuando cesa toda labor. El Sabat pretendía ser el eterno recordatorio del descanso que nos espera a todos al final de nuestras labores en este mundo. También fue un recordatorio para el pueblo de Israel, del descanso que les esperaba en la tierra prometida. Pero esta tierra, que al principio había sido concebida en términos de la Tierra de Canaán, la Palestina que había permanecido como fuente de contención en el mundo hasta el día presente; reveló gradualmente su significado más profundo. La tierra, en el mundo antiguo, nunca hubiera podido ser concebida como algo solamente material. La tierra es un hogar, una morada, en donde el hombre descubre su profunda relación con el orden cósmico. Es también el lugar en donde descubre a Dios, como lo hizo Jacob cuando en un sueño, vio una escalera que alcanzaba el cielo y por ella ascendían y descendían los ángeles. Cuando despertó dijo: "Con seguridad el Señor está aquí, y yo no lo sabía."[19] La "tierra" se convierte por lo tanto en un símbolo de la esperanza del hombre en un lugar de descanso definitivo, la tierra de los deseos del corazón. Fue así que comenzó a ser vista como "el país celestial", en donde iba la ciudad de Dios a ser encontrada.[20]

Pero esta tierra de promesa es algo más que la realización del destino humano; es la realización de la creación. Se ha dicho ya en los últimos estadios de la profecía hebrea: "Miren, Yo he creado nuevos cielos y una nueva tierra, y las cosas antiguas no serán recordadas ni vendrán a la mente. Pero alégrense y regocíjense en aquello que he creado, porque he creado una Jerusalem gozosa y a su gente feliz."[21] Aquí podemos comenzar a ver el completo significado de la nueva creación. Involucra una transformación del "cielo y de la tierra", es decir, de todo el orden cósmico, tal como ahora lo concebimos en nuestra limitada conciencia temporal y espacial. San Pablo, en su Carta a los Romanos, nos da una maravillosa imagen de toda la creación "gimiendo por los dolores de parto", mientras "espera la revelación de los hijos de Dios". "Por-

---

19. Génesis 28,16-17.
20. Hebreos 11,16.
21. Isaías 65,17-18.

que la creación misma será liberada de la esclavitud de su decadencia y obtendrá la gloriosa libertad de los Hijos de Dios"[22]. Bajo esta perspectiva, toda la creación, es decir el mundo material, está destinado a atravesar una transformación radical, cuando participe en la transformación de la conciencia y de la sociedad humana, simbolizada por Jerusalem, la ciudad de Dios.

Esta transformación tendrá lugar cuando tanto el cuerpo como el alma del hombre hayan sido transformados por el Espíritu que los habita. El hombre es una unidad psicosomática, un cuerpo-alma; y como alma –es decir conciencia humana– es transformado por el poder del Espíritu, el cuerpo también es transformado. Esa estructura de energías que constituye nuestro presente modo de ser será cambiada, y con ella cambiará también todo el campo de energías del cual el cuerpo humano es solo una parte. De la misma manera que el hombre es un ser psicosomático, un cuerpo penetrado por la conciencia, todo el cosmos es una unidad psicosomática, un campo de energías penetrado también por la conciencia. Esta conciencia está hoy latente en la naturaleza, al igual que la conciencia de nuestros cuerpos está hoy latente e incompleta. Pero en el estado final, el cuerpo del hombre será totalmente penetrado por la conciencia y se convertirá en un "cuerpo espiritual", y al mismo tiempo, todo el mundo material, con sus energías, será entonces penetrado por la conciencia, transformándose en una "nueva creación".

Esta es la visión que aparece en la Revelación de San Juan, cuando escribe: "Yo vi un nuevo cielo y una nueva tierra, ya que el primer cielo y la primera tierra habían terminado... y Él, que estaba sentado en el trono dijo: Miren, yo hago todas las cosas nuevas."[23] El que estaba "sentado en el trono", es, por supuesto, el Señor o el Espíritu que habita en el hombre, entronado sobre nuestra conciencia presente. Este Espíritu ha estado presente en la naturaleza desde el principio, construyendo el mundo de la materia, penetrándolo primeramente con energías vitales y más tarde con conciencia. Ahora, al tomar posesión de su trono en el medio del Cosmos, ele-

---

22. Romanos 8,19-21.
23. Apocalipsis 21,5.

va nuestra mente y nuestra voluntad humana haciéndola participar de su propio, infinito y eterno modo de ser; y conjuntamente con el hombre se eleva todo el mundo material, hacia una participación consciente en el divino modo de ser. Este es el final de todo el proceso creativo, el pasaje más allá del orden espacial y temporal presente. Nada se pierde en este proceso. La creación presente no es simplemente disuelta, sino re-creada. Todos los poderes latentes en la naturaleza y en el hombre, que en el presente orden del mundo están condenados a la frustración, se realizan allí en su plenitud. Nuestra forma actual de conciencia es esencialmente transitoria. Es un estado temporario entre la conciencia animal y la conciencia divina. En la etapa final, todas las limitaciones y frustraciones de esta vida presente serán superadas y toda la creación entrará en un estado de gracia divina. En este estado "no existirá más la muerte, ni habrá tampoco llanto ni penas, porque las cosas antiguas habrán pasado"[24]. Este es el retorno al Paraíso del cual el hombre había sido expulsado en el principio de los tiempos, la recuperación del estado original del hombre y del universo, al que se refiere la Segunda Carta de Pedro cuando dice: "De acuerdo con su promesa, esperamos un nuevo cielo y una nueva tierra, en donde habita la virtud."[25]

3. EL MITO DEL PARAÍSO PERDIDO

"El Señor Dios plantó un jardín en el Este del Edén."[26] El Mito del Jardín del Edén es uno de los mas hermosos y significativos de la Biblia y realmente de toda la historia humana. Tiene todos los elementos de un mito arquetípico; el jardín y el árbol, la serpiente y el hombre y la mujer. El significado de este mito es inagotable, pero podemos sugerir algunos de sus significados para el hombre de hoy. En primer lugar está el "jardín", símbolo de la armonía original del medio ambiente humano. El hombre era en sus orígenes un hijo de la naturaleza. Fue formado "del polvo de la tierra", la

---

24. Apocalipsis 21,4.
25. 2 Pedro 3,13.
26. Génesis 2,8.

misma tierra en la que "el Señor Dios (es decir Yavé, Elhoim) permitió que creciera cada árbol agradable a la vista y bueno para el alimento"[27]. El hombre era entonces parte de este mundo de la naturaleza y tenía un vínculo intrínseco con ella. El hombre de la Antigüedad siempre se esforzó por preservar ese vínculo. La Tierra era su Madre y esta armonía con la naturaleza, debía ser preservada en todo. El hombre moderno ha roto este nexo buscando explotar la naturaleza por todos los medios a su alcance. Los efectos desastrosos en la ecología de nuestro medio ambiente son el precio que estamos pagando por este pecado, el "pecado original" de la rebelión del hombre contra la naturaleza.

Al hombre se le permitía comer de todos los frutos de los árboles del jardín, excepto de los frutos del Árbol del Conocimiento del bien y del mal. ¿Cuál es el significado de esto? El árbol del conocimiento del bien y del mal es el Árbol de la Sabiduría y se encuentra muy cerca del Árbol de la Vida, que es el árbol de la inmortalidad. La Sabiduría y la Inmortalidad eran los dos obsequios ofrecidos por Dios al hombre, pero deberían ser recibidos como regalo; en el momento en que el hombre buscara conseguirlos por sí mismo, moriría. Este es el drama de la existencia humana. El hombre tiene un cuerpo formado "del polvo de la tierra" y un alma que recibió de Dios. "El Señor Dios sopló en el interior de su nariz el aliento de la vida; y el hombre se convirtió en un alma viviente."[28] El alma del hombre es un "aliento" o "espíritu" de Dios. Por medio de él, el hombre es elevado por sobre el mundo animal y puede participar del Espíritu de Dios. Pero debe recibir este espíritu, esta vida, como un obsequio. No tiene control sobre ello. Las otras facultades del alma; los sentidos, los sentimientos y la imaginación, si están bajo su control y puede comer de sus frutos, pero el Espíritu viene de Dios y el hombre no puede apropiarse de él por su propia voluntad.

Este es el pecado original del hombre, que se repite diariamente en la experiencia humana. Se ha repetido en una escala mayor, como nunca antes, en nuestros días. Nunca antes el hombre ha hecho un esfuerzo concreto para ser el dueño de su destino, "tomar en sus ma-

---

27. Génesis 2,9.
28. Génesis 2,7.

nos", como se dice, el futuro de la evolución. Está aprendiendo a "manejar" los poderes de la naturaleza y busca obtener el control de la psiquis humana por medio de la ingeniería genética. Se ve a sí mismo como el "señor del universo". Este es el pecado de Prometeo, quien robó fuego del cielo. Este es el *hubris* –el orgullo– que los griegos conocían como la fuente del desastre. La amenaza de una guerra nuclear que puede llegar a destruir la tierra es el inevitable resultado de este pecado. Su raíz se asienta en el intento de separar el alma humana de su vínculo con la naturaleza y con el Espíritu. El alma humana, con su poder de razonamiento y libre voluntad, es en el hombre, un reflejo del Espíritu de Dios. El Espíritu es la fuente, el origen de todo ser. Todo viene del Espíritu y refleja su poder y su luz. La energía de la materia, la vida en las plantas y en los animales, el alma en el hombre, son todos reflejos, efectos del poder, de la vida y del conocimiento del Espíritu Único. Reconocer la dependencia de toda la creación en la luz interior y en el poder del Espíritu, es participar de la sabiduría y la inmortalidad propia del Espíritu. El negarnos a reconocer esta dependencia, el buscar ser autónomos y controlar el mundo, es tomar el camino de la muerte. La historia del Génesis es sólo un ejemplo de un mito que se dio a conocer a todos los pueblos de la Antigüedad. La imagen de los dos pájaros sobre el árbol en el Svetasvatara Upanishad, cuenta la misma historia. Uno de los pájaros –el alma humana– come de los frutos del árbol y se entristece y se aturde, pero cuando mira hacia arriba y ve al otro pájaro –el Señor, el Espíritu interior– su tristeza desaparece.

Pero hay dos actores más en esta historia: la serpiente y la mujer. ¿Quiénes son? La serpiente representa la inteligencia animal, la sabiduría de la tierra. Esta es la sabiduría de la ciencia moderna. Es una sabiduría que no viene de arriba, sino de abajo. Proviene de la inmersión del hombre en el mundo material, buscando extraer de él sus secretos para incrementar su propio poder. Se corresponde estrechamente con lo mágico del mundo antiguo y existe, de hecho, evidencia de que la ciencia occidental evolucionó conjuntamente con la magia durante el Renacimiento[29]. Su carácter escencial en

---

29. cf. *La Abolición del hombre (The Abolition of man)* por C.S.Lewis. Geoffrey Bles, 1962, pág. 52 y de Fount Paperbacks, 1978, pág. 46.

cualquier caso, es el mismo: ganar control sobre los poderes de la naturaleza y explotarlos para beneficio del hombre pero al mismo tiempo para su propia destrucción. No obstante, tanto en la ciencia como en la magia existe una ambivalencia. Ganar el control sobre las fuerzas de la naturaleza, trayendo tanto al hombre como a la naturaleza bajo la guía y el control del Espíritu interior, permitiría que, tanto la ciencia como la magia fueran instrumentos del progreso humano; pero siempre existe la tentación de pretender ser como Dios: "Serás como Dios conociendo el bien y el mal."[30] Pero esto nuevamente es ambivalente. En un sentido, el verdadero propósito de la creación es el convertir al hombre en alguien similar a Dios, compartiendo su sabiduría e inmortalidad; pero esto sólo ocurrirá cuando el hombre someta todos los poderes de su ser, de cuerpo y alma, al poder del Espíritu interior. Entonces funcionará en armonía con la naturaleza; cuerpo y alma, consciente e inconsciente, estarán unidos e integrados, y el hombre y la naturaleza cooperarán con el Espíritu que los habita y que gobierna todo desde el interior. Este es el Paraíso original, el estado al cual el hombre fue inicialmente llamado y al cual aspira hoy.

Finalmente llegamos a la mujer. "La mujer me dio los frutos del árbol y yo los comí", dice el hombre en el relato del Génesis[31]. ¿Quién y qué es la mujer? La mujer representa el poder intuitivo dentro de la naturaleza humana mientras que el hombre representa la mente racional. Estos son dos aspectos complementarios de la naturaleza humana y un ser humano sólo estará completo cuando estas dos funciones de la naturaleza humana se "unan en matrimonio". Es importante reconocer que estas funciones son complementarias; ambas son igualmente necesarias. El hombre y la mujer son al mismo tiempo, iguales y opuestos. Una mujer no se hace más igual al hombre buscando ser como él, sino más bien revelando su carácter opuesto. No obstante se debe reconocer que cada hombre y cada mujer son al mismo tiempo masculino y femenino; ya que la razón y la intuición, existen al mismo tiempo en cada ser humano; pero en el hombre la razón es dominante y la intuición es subordi-

---
30. Génesis 3,5.
31. Génesis 3,12.

nada, mientras que en la mujer la intuición es dominante y la razón es la subordinada. Este "matrimonio de los opuestos" tiene lugar entre el hombre y la mujer perfectos, y en realidad, el verdadero propósito de un matrimonio exterior es permitir que el hombre y la mujer se complementen uno al otro a partir del "matrimonio interior". Por otro lado, cuando la razón y la intuición, el hombre y la mujer, están separados, sobreviene el desastre. La razón sin la intuición es inteligente pero estéril; la intuición sin la razón es fértil pero ciega. La mujer (del Génesis) que seduce al hombre es la intuición ciega que escucha la voz de la serpiente, la inteligencia animal, o sexualidad. Este es el curso normal del pecado. La mente femenina que, en lugar de estar guiada por la razón para abrirse al Espíritu y alcanzar así la "unión" de la intuición y la razón y la integración de la personalidad; se somete al instinto animal y por lo tanto, arrastra a la razón en el proceso. La serpiente tiene ciertamente un significado sexual, pero esto quiere decir que el sexo sea malo. El sexo es un instinto animal que, cuando la mujer se rinde al hombre y el hombre a la mujer, se transforma en el medio de su comunión en el Espíritu. De esta forma la serpiente se convierte en Salvador, tal como está escrito en el Evangelio de San Juan: "De la misma manera que Moisés levantó la serpiente en el desierto, el Hijo del Hombre también deberá ser levantado, de manera que cualquiera que crea en Él, pueda tener vida eterna."[32] Entonces, la causa del pecado es la separación del sexo de la intuición o sentimiento y su separación de la razón y el entendimiento; mientras que la integración del instinto sexual con el sentimiento y la imaginación –la mente intuitiva–, y con la razón y la voluntad –la mente racional–, trae la completa satisfacción tanto para el hombre como para la mujer en la vida del Espíritu. Es de esta manera, que el hombre verdaderamente se parece a Dios, o más bien participa realmente en la vida de Dios.

Podemos ahora comenzar a ver la estructura original de la naturaleza humana, o como se lo ha llamado, su estado de justicia original. En primer lugar, el hombre, es decir el ser humano, es creado en armonía con la naturaleza, como un elemento más en el vasto

---

32. Juan 3,14.

sistema de energías que se extiende desde la tierra hasta las estrellas más lejanas. Pero al mismo tiempo el hombre dentro de sí alberga el soplo del Espíritu de Dios; una capacidad de razonar y una libre voluntad, una conciencia humana específica, que lo eleva por sobre todo el mundo material, y le brinda la posibilidad de conocerse a sí mismo y al mundo que habita. Es esta capacidad lo que hace al hombre una imagen de Dios con la habilidad de transformarse en "similar a Dios". Pero este hombre es tanto hombre como mujer, como reza el Génesis: "Dios creó al hombre a su propia imagen, en la imagen de Dios lo creó, hombre y mujer los creó."[33] Cada hombre es tanto hombre como mujer, posibilitándole la diferenciación sexual, ser humano de una forma característicamente distinta. El movimiento que promueve la liberación femenina, es correcto en tanto persiga la posibilidad de la mujer de ser totalmente humana de una manera específicamente femenina; pero sería muy negativo si nos llevara a una pérdida de diferenciación de los sexos. Una mujer es humana de una forma específicamente femenina, y un hombre lo es en una forma específicamente masculina. Pero finalmente tanto la naturaleza como el hombre fueron creados para ser "como Dios" por la presencia interior del Espíritu. El hombre, como hemos visto, es tanto alma como espíritu. Tanto el cuerpo como el alma, el hombre como la naturaleza, dependen para su existencia, del poder del Espíritu, que trasciende tanto al hombre como a la naturaleza, a la materia como a la conciencia humana. Es este espíritu eterno, fuente de materia, vida y conciencia, que en la Biblia se le da el nombre de Dios.

Tanto el Hombre como la naturaleza están evolucionando en el tiempo y en el espacio y el propósito de todo el proceso evolutivo es que tanto el hombre como la naturaleza puedan participar en el ser eterno e infinito del único Supremo Espíritu de Dios. El pecado ha entrado en este proceso evolutivo introduciendo un principio de desorden, una separación entre el hombre y la naturaleza, el hombre y la mujer, el hombre y Dios. El mito del Jardín del Edén es una historia simbólica que revela tanto el estado original del hombre, es decir, la estructura original de la naturaleza humana,

---

33. Génesis 1,27.

como así también su "caída", el fracaso del hombre de responder al llamado de su naturaleza: convertirse uno con Dios y vivir a través de la vida del Espíritu. La Biblia relata las consecuencias de esta caída, la alienación del hombre de la naturaleza cuando dice "maldita sea la tierra por tu causa; con fatiga sacarás de la tierra el alimento todos los días de tu vida"[34], o la dominación de la mujer por parte del hombre cuando se lee "con dolor parirás tus hijos"[35]. Pero es entonces cuando comienza el gran Mito de la Redención, la historia de la liberación del pecado en el hombre y la restauración del Paraíso, el mito del *Paraíso reconquistado*.

4. EL MITO DE LA TIERRA PROMETIDA

La historia comienza con la promesa de la tierra. "Vete de tu país", se dice, "y de tu patria y de la casa de tu padre, a la tierra que yo te mostraré"[36]. El hombre había sido expulsado del Jardín del Edén y un ángel con una espada flameante fue puesto allí para impedir el paso hacia el árbol de la vida.[37] No había forma de retornar a la inocencia perdida; el camino se proyectaba hacia adelante, atravesando las pruebas y conflictos de este mundo hasta arribar a otra tierra. No debemos olvidar que la Biblia representa la historia de la raza humana en su relación con Dios. Comienza con el primer hombre, Adán, y finaliza con el segundo Adán, el Hombre Nuevo. Adán es el representante del género humano. San Pablo lo llama el *tupos tou mellontos* –la figura o tipo humano de aquel por venir–[38] y la historia humana es la historia del pasaje del hombre de este estado primordial de inocencia a su estado final de perfección, de "humanidad madura".[39]

Esta transición está representada como un viaje hacia una tierra prometida, y es significativo que el pueblo israelita fuera un pueblo

---

34. Génesis 3,17.
35. Génesis 3,16.
36. Génesis 12,1.
37. Génesis 3,24.
38. Romanos 5,14.
39. Efesios 4,13.

pastoril, una tribu nómade, siempre yendo de un lugar a otro en busca de pasturas. Esto se indica al principio en la historia de Caín y Abel, cuando se percibe el primer efecto del pecado como un conflicto entre los pastores y los agricultores. Se dice que Abel era "un cuidador de ovejas", mientras que Caín era un "labrador de la tierra".[40]

Los pueblos agricultores representaban a los grandes asentamientos de civilizaciones de la antigüedad, en particular Babilonia y Egipto, que se establecieron en los valles ribereños y construyeron grandes civilizaciones. A ellos les debemos, no solamente la agricultura sino también la alfarería, las artesanías en tela, los trabajos en metal y la ingeniería, el comercio y el manejo de las finanzas, al igual que las matemáticas y la astronomía. Al depender de la tierra y de su industria para su prosperidad, se volcaron a la alabanza de la Tierra –la Gran Madre–, y a todos los poderes de la naturaleza. Son los precursores de las "grandes potencias" del mundo moderno. Pero Israel era un pueblo pastoril, que vivía en tiendas y que peregrinaba de un lugar a otro[41]. Dependiendo de la lluvia de los cielos para sobrevivir, adoraban al Dios de los cielos y se dieron cuenta que dependían radicalmente de Él.

De esta manera, los hebreos fueran llevados a verse como un pueblo de pastores "habitando en tiendas", como símbolo de su posición de "el pueblo de Dios"; sin una "ciudad concreta" en donde vivir en este mundo, sino viviendo como "peregrinos y extranjeros" en la tierra, porque buscan encontrar la "ciudad de Dios"[42]. Es allí cuando comenzó la gran división de la humanidad –tal como la vio San Agustín en *La Ciudad de Dios*–; entre aquellos que establecen su casa en este mundo y buscan la salvación a través de los poderes de la naturaleza –es decir a través de la ciencia y la tecnología–, y aquellos que están en la búsqueda de otro país, otro mundo, a donde son guiados por el Espíritu, en donde, por encima de todo, encontrarán su completa realización humana. Este es el significado de la promesa hecha a Abraham. Él tie-

---

40. Génesis 4,2.
41. cf. Hebreos 11,9.
42. cf. Hebreos 11,10.

ne que dejar su tierra y la casa de su padre e ir en busca de una tierra, en donde se convertiría en un gran pueblo y en él, serán bendecidas "todas las razas del mundo"[43].

Es importante destacar que, desde el principio, la promesa fue hecha en nombre de "todas las razas del mundo". Aunque Israel fue elegido como "el pueblo de Dios", nunca se cuestionó que este "pueblo elegido" sería la fuente de salvación para toda la raza humana. En su Carta a los Romanos, San Pablo, destaca este punto señalando que la promesa fue hecha a Abraham antes de que fuera circuncidado –es decir antes de que fuera marcado como judío–, para que él pudiera ser "el padre de todos aquellos que creen". En este sentido, Abraham es el padre, no solamente de los judíos, cristianos y musulmanes –que lo reconocen como el padre y origen de su fe–, sino de todos aquellos que buscan a Dios o a algún estado trascendente o valor, que sólo la fe puede reconocer. De esta forma, la universalidad de la promesa divina fue clara desde el principio. Abraham es el representante de la especie humana, que recibe en él la promesa de salvación y comienza a formar un pueblo a través del cual la raza humana se reconciliará con Dios. Este pueblo será educado por la Ley y enseñado por los profetas, para estar entonces preparado para recibir al Espíritu de Dios. Pero en este proceso está el ser humano, que es enseñado, entrenado y preparado para su destino, de manera que la historia de Israel es en realidad la historia de la raza humana.

Israel, entonces, es un pueblo que ha sido llamado a salir del mundo para ir en busca de una tierra. La promesa a Abraham fue renovada a Isaac[44] y nuevamente a Jacob[45]. Luego comienza el drama de la incursión en Egipto con José, cuando Israel es nuevamente esclavizado a los poderes de este mundo. Pero más adelante, la promesa es renovada a Moisés: "Te sacaré de los padecimientos de los egipcios, y te liberaré de la esclavitud… y te tomaré como mi pueblo… y te introduciré en la tierra que he jurado dar a Abraham, Isaac y Jacob; te la daré a ti como posesión."[46] Entonces Israel par-

---

43. Génesis 12,3.
44. Génesis 26,2.
45. Génesis 35,9-12.
46. Éxodo 6,6-8.

te nuevamente en su viaje a la tierra prometida y luego de todas las pruebas que atraviesa durante ese peregrinaje a través del desierto, la promesa es renovada a Josué: "Sé valiente y firme, porque tu vas a dar a este pueblo la posesión de la tierra que yo prometí a sus padres."[47] Este es el drama de la liberación humana: la esclavitud a los poderes de este mundo –los sistemas económicos y sociales, ya sean capitalistas o comunistas–, que esclavizan al ser humano sujetándolo a las fuerzas del mundo material; el largo viaje a través del desierto –que implica la separación de estos poderes mundanos–, y finalmente la entrada en la tierra prometida.

Pero luego la historia toma un giro diferente. Israel conquista la tierra y se establece en ella, construye sus viviendas y planta viñedos. Le es dado un rey y una ley para gobernarse, y se edifica un templo en donde puede habitar su Dios. Da la impresión de que todas las promesas han sido cumplidas. Han tomado posesión de la tierra, han conquistado a sus enemigos y se han convertido en un gran pueblo, y además han construido un templo en donde Dios puede habitar entre ellos para siempre. Pero entonces comienza lo que Aristóteles llamó la *peripateia* en una tragedia, el reverso de la fortuna que trae el desastre. Llegaron los asirios y conquistaron el norte de Israel (lo que hoy es la ribera occidental) y el pueblo fue tomado prisionero. Luego llegaron los babilonios y capturaron Jerusalem. El templo fue destruido, el rey y su pueblo tomados prisioneros y llevados al exilio. La tierra quedó abandonada. Da la impresión de que todas las promesas parecen haber fracasado, e Israel abandonado a la peor forma de esclavitud. En este punto, tocamos el corazón del misterio de la existencia humana. ¿Cuál es la causa por la cual toda empresa humana y toda civilización está predestinada al fracaso? ¿Por qué este continuo desmoronamiento con el que nos enfrentamos en todos los niveles de la existencia: individual y social, político y religioso? Esta es la cuestión con la que nos enfrentamos hoy, la misma que ha enfrentado toda civilización a lo largo de la historia.

La respuesta la encontraremos en la historia misma de Israel. El asentamiento en la tierra bajo el reinado de Josué y el estableci-

---

47. Josué 1,6.

miento del Reino bajo David y Salomón –lo mismo puede decirse del establecimiento de Israel en su tierra hoy–, no podrían haber sido otra cosa que un fenómeno temporal. El destino humano no se asienta en el orden temporal y material, y cada logro temporal sólo puede ser una preparación en el tiempo, de lo que ha de ser alcanzado en la eternidad.

Y fue en este tiempo de desolación –cuando parecía que Dios había abandonado a su pueblo–, que surgieron los grandes profetas para proclamar que Israel retornaría una vez más a la tierra; habría otro rey como David, y otro templo como el de Salomón. Una vez más, la profecía fue vista al principio en términos temporales: hubo un retorno a la tierra, y aunque el reino no fue restaurado, un nuevo templo fue construido, y la antigua religión continuó como entonces. Pero los profetas veían mas allá de esto. Vieron que debería haber una nueva ley y una nueva alianza, una ley que estuviera "escrita en el corazón"[48]. Tenía que haber una vida más allá de la tumba, cuando al pueblo le fuera entregado "un nuevo corazón y un nuevo espíritu"[49]. Esa profunda transformación conceptual, tuvo lugar en Israel al mismo tiempo que en la India con los Upanishads. Una religión externa basada en ritos y ceremonias, que requería sacerdocio y sacrificios, se estaba transformando en una religión del espíritu. En ella, el lugar en donde habitaba Dios no era ya en los templos hechos con las manos, sino en el corazón humano. Se dice "Yo pondré mi espíritu en tu interior", "y tú vivirás". Nuevamente, la promesa de la tierra es renovada: "Te ubicaré en tu propia tierra"[50]. ¿Pero qué es esta tierra que el hombre heredará? La respuesta se hace clara en la profecía posterior de Isaías, cuando se dice: "Miren, he aquí que yo creo nuevos cielos y una nueva tierra... y miren, yo voy a crear a Jerusalem Regocijo y a su pueblo Alegría."[51]

El destino del hombre no se asienta en este mundo. Está más allá del tiempo y el espacio en una experiencia del ser, trascendiendo nuestras condiciones humanas presentes. Esto fue revelado en la

---

48. Jeremías 31,31-33.
49. Ezequiel 36,26.
50. Ezequiel 37,14.
51. Isaías 65,17-18.

India en el tiempo de Buda y de los Upanishads y se manifestó también en Israel en el tiempo de los grandes profetas. Fue el momento del despertar de la humanidad, que se había ido gestando desde los primeros tiempos. Estaba implícito desde el principio, porque el Espíritu es inmanente a toda la creación y está presente como una fuerza activa en todas las religiones. Pero el Espíritu permanecía oculto bajo las formas de la naturaleza y las figuras de la mitología. Es en ese despertar cuando irrumpe y comienza a brillar con su propia luz. No obstante, el problema permanece. Aunque el Espíritu tenga un nombre y sea concebido como algo más allá de todas las formas visibles, aún tenemos que utilizar palabras e imágenes para poder hablar de Él. La gente aún necesita de rituales y sacrificios y templos e imágenes para hacer que el Misterio Divino sea real para ellos. Igualmente, se ha producido un cambio. Ahora se sabe que todas estas palabras e imágenes son sólo signos visibles de un misterio oculto, y por lo tanto, el mito y el símbolo están siendo reconocidos por lo que son. Es así que hoy tenemos que observar a todos los mitos y símbolos de la religión, como signos de un misterio que está más allá de la palabra y del pensamiento pero que no obstante se revela a sí mismo y se hace presente a través de estos símbolos.

¿Qué es entonces el simbolismo de la tierra prometida? Es seguramente un símbolo de la búsqueda de un "retorno a la naturaleza", a ese estado original de armonía entre el hombre y la naturaleza. Cada uno de nosotros, en algún momento, dentro del vientre materno, estábamos en perfecta armonía con la naturaleza, éramos parte de la misma Gran Madre. Cada ser humano lleva en sí mismo el recuerdo de esta unicidad original, de esta total armonía. El niño también, cuando nace, si es amado y valorado, puede experimentar parte de esta totalidad original. Muchos pueblos primitivos, como los pigmeos en África Central; que viven en total contacto con la naturaleza, también se sienten uno con la naturaleza. Tienen una conciencia intuitiva de sus vínculos con las plantas y los animales y viven en la armonía cósmica del día y la noche, del invierno y el verano, del nacimiento, del matrimonio y de la muerte. Pero a medida que evoluciona la razón y el hombre "come del árbol del conocimiento", se genera una división entre éste y la naturaleza.

Entonces, el hombre se siente separado de la naturaleza, el mundo se transforma en su enemigo y la violencia y el conflicto toman el lugar de esa paz original. Pero no hay retorno al Edén; el hombre no puede retornar a ese estado de inocencia en que su conciencia no estaba dividida. Deberá avanzar –a través de las pruebas y conflictos–, hacia una comunión con la naturaleza en un nivel más profundo de conciencia. El peligro es que a medida que se desarrolla su mente racional, el hombre se haga capaz de controlar las fuerzas de la naturaleza, busque dominarla y utilizarla para sus propios fines. Este ha sido el curso de la historia en Europa Occidental y América del Norte que ha llevado al estado actual de conflicto, en el que la existencia humana está siendo amenazada por estas fuerzas que han sido liberadas.

Aunque existe otra forma, por medio de la cual, a medida que la razón evoluciona y el conocimiento científico le da al hombre la capacidad de controlar las fuerzas de la naturaleza, éste entra en una relación diferente. La mente racional entra en comunión con la mente intuitiva, y el hombre y la naturaleza se unifican. Lo masculino cesa de dominar lo femenino o de ser seducido por él, generándose un "matrimonio de iguales". Tanto el hombre como la mujer son completados en esta unión. El mundo objetivo ya no es un enemigo a ser sometido, sino que forma parte de este matrimonio. Hay un dicho en los Evangelios Apócrifos que reza: "¿Cuándo vendrá el Reino de Dios?", y surge luego la respuesta: "cuando los dos sean uno, cuando aquello que es "externo" sea igual a aquello que es "interno", y lo masculino y lo femenino sean uno."[52] Esta es la vuelta al Paraíso, el reverso de los efectos de la Caída.

En el Paraíso, el hombre había estado en armonía con la naturaleza, consigo mismo y con Dios. El pecado trajo división entre el hombre y la naturaleza, entre el hombre y la mujer y entre el hombre y Dios. Esta triple armonía deberá ser restaurada en el plan de redención. Por lo tanto a Abraham se le promete una tierra en donde habitará sin riesgos, significando la reconciliación del hombre con la naturaleza. Luego se convertirá en un gran pueblo a través del cual serán bendecidas todas las razas del mundo; esto significa

---

52. El Evangelio de Tomás, 22.

el restablecimiento del género humano a su integridad original. Finalmente, Dios vendrá a habitar en este pueblo: "Ustedes serán mi pueblo y yo seré vuestro Dios."[53]

El simbolismo de la tierra aparece más claramente en la Carta a los Hebreos. Esta carta, que se cree no fue de San Pablo, probablemente fue escrita en Alejandría, en donde se había preservado la tradición platónica con su profundo sentido de simbolismo. Es así que se dice que los regalos y sacrificios ofrecidos en el templo eran solamente una copia y una sombra del santuario celestial[54]. Todos los ritos y ceremonias terrenales son, en el sentido platónico, "copias" de las realidades eternas. Es así que la "tierra prometida" fue vista bajo una nueva luz. Se dice que cuando Abraham se dirigió a ese lugar, que recibiría como herencia, él no sabía adónde debía ir exactamente. Peregrinaba buscando un país desconocido, buscando un hogar. La tierra que él estaba buscando no era la misma de la cual había salido, era un "país mejor, es decir un país celestial"[55]. Aquí podemos ver el pasaje del sentido literal al simbólico, desde esta religión terrenal a otra religión no terrenal.

Nuestra necesidad de un hogar, nunca podrá satisfacerse con nada de este mundo. El deseo apasionado de tanta gente por encontrar un hogar es una señal de este deseo de algo más allá de este mundo. No obstante, existe un profundo significado en donde este deseo es genuino. No deseamos un estado en el que no haya tierra, ni naturaleza física. Deseamos la satisfacción de nuestros deseos corporales, una comunión con la naturaleza en donde podamos alcanzar una profunda conciencia de nuestra unicidad con la naturaleza, una comunión de unos con otros en la que pueda ser experimentada la más profunda intimidad de la unión sexual. Esto fue maravillosamente expresado por el profeta Isaías cuando dijo *(refiriéndose a Jerusalem-nota de traductora)*: "Tú ya no serás llamada Abandonada, y tu tierra no será llamada Desolada, sino que serás llamada Mi complacencia y vuestra tierra Desposada; porque el Señor se deleita en ti y tu tierra será desposada. De la misma manera

---

53. cf. Ezequiel 36,28.
54. Hebreos 8,5.
55. Hebreos 11,8, 15,16.

que un joven se casa con una virgen, se casará contigo tu edificador, y con el gozo de esposo por su novia se gozará por ti tu Dios."[56]

Todo esto sólo tendrá lugar en la nueva creación; cuando el alma y el cuerpo sean transfigurados por el Espíritu que habita en ellos, cuando la "tierra" ya no sea vista como un objeto exterior sino experimentada en el interior, como el fundamento eterno del alma; y el hombre y la mujer se unan, no en un matrimonio externo, sino en uno matrimonio interior, que tenga lugar en Dios, es decir, en las profundidades internas del Espíritu, más allá del tiempo y del espacio.

5. EL MITO DEL ÉXODO

El hombre emprende su viaje a la Tierra Prometida, y comienza a construir una ciudad, a crear un mundo civilizado; pero inevitablemente sus esfuerzos terminan en fracaso. Este es uno de los temas principales de la Biblia: el fracaso constante de todo esfuerzo humano, la fatalidad que persigue al hombre. Se ve muy claramente en primer lugar en la historia del Diluvio en el Libro del Génesis. En cuanto el hombre comenzó a multiplicarse y poblar la tierra, vino la gran inundación y los destruyó a todos. Este diluvio, es sin duda una memoria histórica de una inundación, que tuvo lugar en el valle del Tigris y el Eufrates en la Mesopotamia, pero es también un símbolo de esos otros desastres naturales que tan a menudo abruman al mundo. En la Biblia se lo describe como un juicio al pecado humano, pero al mismo tiempo como una muestra de redención.

Las aguas siempre tienen este carácter dual. Por un lado, representan el "caos", las fuerzas de la muerte y de la destrucción, que siempre están amenazando con la destrucción del mundo. Por el otro lado, representan las fuerzas de la vida y la regeneración, de las cuales depende la tierra. Psicológicamente, representan los poderes del "inconsciente", las pasiones elementales, que se asientan por debajo de la superficie de la vida consciente. Y nuevamente, estas

---

56. Isaías 62,4-5.

misma fuerzas, cuando caen bajo la influencia del Espíritu, se transforman en fuerzas de vida y regeneración. Las "aguas por debajo del firmamento", son arrastradas "por sobre el firmamento" y descienden en forma de lluvias de gracia divina, dadoras de vida. Entonces, en la historia del Diluvio, las aguas son vistas no solamente destruyendo al mundo sino también como un símbolo del bautismo, es decir, de muerte y resurrección. Tenemos que morir, para pasar por las "aguas del inconsciente", para que podamos renacer y experimentar el poder de una nueva vida.

Esto es lo que vemos en la historia de Noé. Noé es el hombre recto que es salvado con su esposa e hijos, al entrar en el Arca de la Salvación. El Arca representa la nueva creación. Noé es el Nuevo Adán, el nuevo padre de la humanidad, a través del cual es salvada la humanidad, y con la humanidad toda la creación animal que entra en el arca con él. De esta manera, se dice que "Dios no perdonó al mundo antiguo sino que preservó a Noé, un estandarte de rectitud, con otras siete personas, cuando hizo venir el diluvio sobre el mundo de impíos"[57]. Este misterio del agua como el símbolo tanto de la destrucción como de la regeneración, es uno de los principales temas de la Biblia. En cada etapa; en la Historia del Diluvio, del Éxodo de Egipto y de la entrada en la Tierra Prometida, hay un pasaje a través de las aguas, una muerte y una sentencia que debe perdurar: "el hombre viejo" debe morir para dar lugar al nacimiento del "hombre nuevo".

Este pasaje de la muerte a la vida es el tema principal del Éxodo. Los hijos de Israel –luego de una breve permanencia en la tierra prometida– bajan a Egipto y permanecen cautivos a los poderes de este mundo durante cuatrocientos años. Luego viene Moisés, la figura del Salvador, quien tiene una visión de Dios en la Zarza Ardiente, y es llamado a liderar la salida de Israel desde Egipto, de vuelta hacia la tierra prometida. Pero esto sólo puede llevarse a cabo a través de la destrucción y la muerte. Egipto es entonces acosado por plagas hasta que finalmente son asesinados los hijos primogénitos de los egipcios, mientras que el ángel de la muerte pasa de largo las moradas israelitas que han manchado sus puertas con la sangre de corderos.

---

57. 2 Pedro 2,5.

Todos estos hechos están sin duda, llenos de simbolismo. Egipto significa los poderes de este mundo, las grandes ciudades que generan la polución tanto de la tierra como de la naturaleza humana, como así también los poderes demoníacos que actúan dentro de todas las grandes civilizaciones, encegueciendo a los hombres a la vida del Espíritu. La matanza de los recién nacidos representa la conquista de estos poderes malignos y la sangre del cordero es el símbolo de la vida del Espíritu, que más tarde se manifestaría como la sangre de Jesús, derramada en la Cruz, restaurando la vida para la humanidad. La huída israelita de Egipto y el pasaje a través del Mar Rojo simboliza la liberación del hombre de la esclavitud de este mundo. Su pasaje a través de las aguas, ahogó a los enemigos del alma que lo perseguían y al mismo tiempo, abrió para la humanidad un camino hacia una vida nueva. Esto puede verse como la liberación del genero humano de los poderes opresivos de este mundo –ya sea capitalista o comunista– y como un camino a la libertad, por medio del cual el hombre recobra su verdadera naturaleza y entra en comunión con Dios.

Pero este pasaje hacia la libertad demanda un viaje a través del desierto. El mundo no podrá salvarse por medio de ninguna manipulación de orden económico o político. Tendrá que salirse de este mundo y abrirse al misterio trascendente de la existencia, si es que la humanidad pretende liberarse de su presente esclavitud. Esto está ilustrado en la historia del viaje a través del desierto. En el comienzo de todo gran movimiento del Espíritu, existe una partida hacia el desierto. En el tiempo de los Upanishads, los *rishis* védicos se retiraban al bosque a meditar. El Buda abandonó su casa y su familia, convirtiéndose en un asceta, hasta que encontró la iluminación bajo el árbol de Bo. Mahariva, el fundador de los Jainistas, dejó todo y vagaba desnudo buscando su liberación. Juan el Bautista preparó el camino para la venida de Jesús, retirándose al desierto. Jesús mismo pasó seis semanas en el desierto antes de comenzar su ministerio. San Pablo, después de su conversión, se retiró durante tres años al desierto de Arabia. Así fue que Israel, cuando se preparó para entrar en la tierra prometida, tuvo que pasar cuarenta años en el desierto. Los Padres Cristianos, Orígenes y Gregorio de Nicea, interpretaron a la travesía en el desierto como un símbolo del viaje del alma hacia Dios. Orígenes lo vio simplemente como un viaje hacia la tierra prometida, atravesando las pruebas y tentaciones de esta vida presente. Pero Gregorio de Nicea –siguiendo los pasos de Pilo, el Judío– tuvo una comprensión más profunda de este hecho. San Pablo decía que los israelitas habían sido "bautizados a través de Moisés en la nube y en el mar"[58]. Esta es una de las instancias más claras en el Nuevo Testamento, de una interpretación simbólica del Antiguo Testamento. San Pablo interpretó el pasaje a través del mar como un "tipo" o figura del bautismo, y la presencia de la nube como un signo de la presencia del Espíritu Santo.

Esta "nube" tiene una larga historia en la Biblia. Cubrió el Tabernáculo o carpa, en donde estaba guardada el Arca de Dios, cuando los israelitas acampaban en el desierto: "La nube del Señor estaba sobre el tabernáculo durante el día, y había fuego dentro de ella durante la noche a la vista de toda la casa de Israel durante todo su peregrinaje."[59] De las misma manera, cuando el templo fue construido por Salomón y el Arca, que contenía las Tablas de la Ley, fue ubicada en su santuario, "la nube llenaba la casa del Señor" y "la gloria del Señor llenaba la casa del Señor".[60]

Más tarde cuando el templo fue destruido, Ezequiel tuvo una visión de un nuevo templo y vio "la gloria del Señor" descender sobre él.[61] Este simbolismo es retomado en el Nuevo Testamento, cuando en la transfiguración de Jesús, la luz divina brilla a través de Él: "Llegó una nube haciéndoles sombra y de la nube salió una voz."[62]

Por último, podemos mencionar que en la ascensión de Jesús; San Lucas dice que "una nube lo recibió y se perdió de vista"[63]. Esta nube, claramente, no es una nube ordinaria, sino un símbolo de la divina presencia o "gloria". Para el pueblo de Israel, fue el signo que indicaba que la divina presencia los acompañaba a través de su viaje. De manera que cualquiera que comience este viaje por el de-

---

58. 1 Corintios 10,2.
59. Éxodo 40,38.
60. 1 Reyes 8,10-11.
61. Ezequiel 43,2.
62. Marcos 9,7.
63. Hechos 1,9.

sierto, encuentra en primer lugar a Dios en la Zarza Ardiente; despierta al misterio de lo "sagrado" de la luz divina, que se revela a sí misma. Pero esta luz llega al peregrino en la forma de una nube. Es lo que el autor del tratado místico inglés denominó "La nube de lo Desconocido".

Ir en busca de Dios es como internarse en un desierto, aunque en realidad es un lugar que contiene los manantiales de vida eterna, de manera que la experiencia de la presencia de Dios durante la jornada es como estar bajo una nube y en la oscuridad, aunque en realidad es una luz cegadora. A medida que nos acercamos a Dios, la oscuridad se hace más profunda. Es aquí en donde San Gregorio de Nicea difiere de Orígenes. El ascenso al Monte Sinaí es para él la culminación de la experiencia del desierto, cuando Moisés sube a la montaña y se encuentra con Dios en la oscuridad."Y la gloria del Señor permanecía en el Monte Sinaí y la nube lo cubrió durante seis días, y al séptimo día (el día de descanso, será recordado, de la eternidad, luego de los seis días de labor en una semana de tiempo), Dios llamó a Moisés desde el centro de la nube... y Moisés entró en ella... y permaneció allí durante cuarenta días y cuarenta noches."[64]

San Gregorio de Nicea[65] compara el cruce del Mar Rojo con el Bautismo y con el "camino purgativo", el pasaje del mundo del pecado –ejemplificado por Egipto–, a la nueva vida cuando "nacemos nuevamente del agua y del espíritu"[66]. El viaje a través del desierto guiados por la nube –significando la presencia del Espíritu Santo– es comparado con el sacramento de la Confirmación y con la "senda iluminadora": la vida iluminada por la presencia del Espíritu y alimentada por el "maná", el "pan del cielo" y el "agua de la roca", que es el agua "que nos proyecta a la vida eterna"[67]. Finalmente, el

---

64. Éxodo.
65. La doctrina de Gregorio de Nissa la podemos encontrar primariamente en *La vida de Moisés (The life of Moses)*, traducida al inglés dentro de los Clásicos de Espiritualidad Occidental, publicado por Paulist Press, 1978. El estudio más profundo que conozco sobre esta doctrina mística es el de Jean Danielou en su obra *Platonisme et Theologie Mystique* (París, 1944).
66. Juan 3:5.
67. Juan 4:14.

ascenso al Monte Sinaí es comparado con la Eucaristía y con la senda unificadora, el encuentro con Dios en la oscuridad, más allá de los sentidos y la razón, en donde Él se revela a sí mismo en la comunión del amor.

De esta manera, la historia del Éxodo tiene al menos tres niveles de comprensión. Tenemos primero el sentido literal e histórico; la liberación del pueblo de Israel de la esclavitud en Egipto, que es en sí misma el símbolo de la liberación de todos los pueblos de la tierra de las esclavitudes políticas, sociales y económicas. En segundo lugar, tenemos el sentido moral de la separación del hombre del mundo del pecado, y su entrada en el camino de la rectitud, cuando recibe los Diez Mandamientos. Finalmente está el sentido místico del pasaje de este mundo al otro, del mundo de las apariencias al mundo del ser real, de la luz de este mundo a la "divina oscuridad" en la que el hombre encuentra a Dios.

Este es el medio ambiente en donde tiene lugar la historia de la muerte y resurrección de Jesús. Todo el relato está deliberadamente ubicado en el contexto de la fiesta Judía de la Pascua. Jesús reúne a sus discípulos a su alrededor para compartir la Cena de la Pascua, y allí los prepara para su propia muerte, un "nuevo pacto" con su sangre, recordando entonces el primer pacto con Moisés[68]. De esta manera, la muerte de Jesús está ligada históricamente con el Éxodo de Egipto. Pero al mismo tiempo esta muerte es para liberar al pueblo, no solamente de la esclavitud de Egipto, sino también de la esclavitud del pecado, es decir, de la esclavitud de este mundo. Pero San Juan va más allá y nos muestra cómo es este momento en que Jesús "pasa de este mundo al Padre"[69]. Es el momento de su entrada en la "gloria", esa "gloria" que Moisés había pedido ver[70] y que no es ni más ni menos que el resplandor del ser divino.[71]

Entonces, el significado más profundo del Éxodo es el pasaje de este mundo –el mundo de las sombras y de la irrealidad– al Padre, es decir, a la Fuente, al Origen, al Uno más allá de la multiplicidad. Dicho en las palabras de los Upanishads, es el pasaje de "lo irreal a

---

68. Éxodo 24,8.
69. Juan 13,1.
70. Exodo 33,18.
71. Juan 17,5.

lo real, de la oscuridad a la luz, de la muerte a la inmortalidad"[72]. Y este pasaje es cumplimentado no solamente para Jesús, sino también para toda la raza humana. Entonces Jesús les dice a sus discípulos: "Yo iré a prepararles un lugar, de manera que donde Yo esté, estén también ustedes"[73], y le reza al Padre por ellos. "Yo deseo que en donde esté Yo, ellos también estén conmigo, para que puedan contemplar mi gloria."[74] Contemplar la gloria de Dios es ver su cara, es decir, compartir con el ser divino, ser "uno con el Padre", de la misma manera que el Hijo lo es, "para que sean uno, como Tú en Mí y yo en Ti, para que sean uno en nosotros".[75]

6. EL MITO DEL MESÍAS Y SU REINO

Una nueva Creación, un nuevo Paraíso, una tierra Prometida, un Éxodo o la partida de este mundo, fueron algunas de las imágenes por medio de las cuales fue retratado el destino de la humanidad en la Biblia. Pero el mito que echó las raíces más profundas en Israel –y que expresaba por encima de todo, los deseos y las expectativas del pueblo– fue el Mito del Mesías y su Reino. Israel había alcanzado la cumbre de su gloria bajo el reinado de David y de su hijo Salomón, y se hablaba de una profecía que decía que David daría un hijo que establecería su reino para siempre. Se decía: "Yo estableceré el trono de su reino para siempre", "Yo seré para él un padre y él será mi hijo"[76]. Cuando esta predicción no se materializó en Salomón, y cuando, inmediatamente después, el reino fue dividido entre Israel y Judá, la promesa del Mesías –el "ungido", el Rey–, que debería establecer el Reino de David para siempre, fue proyectado hacia el futuro.

A medida que fue decayendo la suerte de Israel, surgió la esperanza de que Dios intervendría finalmente para derrotar a los enemigos de Israel, estableciendo así el Trono de David[77]. Este Rey

---
72. Brihadaranyaka Upanishad 1,3,27.
73. Juan 14,2.
74. Juan 17,24.
75. Juan 17,21.
76. 2 Samuel 7,13-14.
77. cf. Ezequiel 37,21-25.

Mesiánico fue visto como alguien que gobernaría por sobre todas las naciones y destruiría a todos los enemigos, pero al mismo tiempo sería proclamado "Hijo de Dios": "Tú eres mi Hijo, este día te he engendrado"[78], que se sentaría a la derecha de Dios: "Tú te sentarás a mi derecha hasta que yo haga de tus enemigos el estrado de tus pies"[79]. También era un rey-sacerdote tan viejo como Melquisedec[80]; alguien que combinara sus labores como rey y como sacerdote –el *sacerdotium* y *regnum*–, "Tú eres un sacerdote para siempre de la orden de Melquisedec"[81]. Esta figura de rey guerrero, que al mismo tiempo es sacerdote e Hijo de Dios, ha rondado la imaginación de Israel y aún hoy tiene sustento en el mundo.

Pero había otra figura bastante opuesta a lo anterior, la del "Sirviente Sufriente" de Isaías. Cuando Israel cayó a los pies de sus enemigos, nació una nueva concepción; no la de un rey que conquistaría a sus enemigos en la guerra, sino la de alguien que padecería la desgracia y la vergüenza y por lo tanto expiaría los pecados de su pueblo[82]. Este "Sirviente Sufriente" es una figura que surge del mismo pueblo de Israel, quien comenzó a tomar conciencia de su vocación de conquista a partir del sufrimiento y la paciencia; un concepto infinitamente mucho más profundo que el del rey guerrero y que raramente fue reconocido, pero que ha inspirado los logros de Mahatma Ghandi y Martin Luther King en nuestro tiempo. Esta figura, aunque representativa del pueblo en su totalidad, se focalizó también en el Mesías, y fue tal vez el logro más importante de Jesús el haber unido estas dos figuras en sí mismo –la del Mesías e hijo de Dios con la del Sirviente Sufriente que entrega su vida por su pueblo, como el pastor que da su vida por sus ovejas–.[83]

Pero había finalmente otra figura que se unió a la del Mesías e influenció aún más profundamente la mente de Jesús;, la de Hijo del Hombre. Esta figura aparece primero en el Apocalipsis de Daniel, en el que el profeta "ve a alguien como el hijo del hombre vi-

---

78. Salmos 2,7.
79. Salmos 110,1.
80. cf. Génesis 14,18.
81. Salmos 110,4.
82. Isaías 53,4-5.
83. Juan 10,11.

niendo en las nubes del los cielos"[84]. Esto marca una nueva fase en la historia de Israel: cuando la esperanza de un Rey como David, se evaporaba, y se esperaba una intervención de Dios desde los cielos. Los autores del Apocalipsis no esperan tanto la transformación del mundo presente a través de un rey justo, sino más bien el fin de este mundo y el comienzo de una "nueva era" a través del descenso de un poder desde lo alto. Esta expectativa se manifestó con fuerza en tiempos de Jesús y no hay duda de que Él mismo se vio a sí mismo claramente reflejado en este Hijo del Hombre, cuando dijo: "Verán al Hijo del Hombre, sentado a la derecha del poder, bajando de las nubes del cielo"[85]. Pero la frase "Hijo del Hombre" (en hebreo *Ben Enosh*) tiene también otros significados. Podría simplemente ser un parafraseado de "hombre" como en Ezequiel[86] y en el Salmo cuando dice: "¿Qué es el hombre para que de él te acuerdes, el Hijo del Hombre para que de él te cuides?"[87]. Pero la palabra "hombre", tiene en sí misma, una infinita riqueza de significados. Podría referirse al primer hombre, el Adan Kadsmon, quien también es el hombre arquetípico, el Hombre creado a imagen de Dios. Esta concepción lo conecta con el Pusuha hindú[88] que también es el Hombre primitivo pero que al mismo tiempo es la Persona Cósmica, la Persona dentro de la cual está contenida toda la Creación. Esta figura aparece asimismo en el Islam como el hombre Universal (*al-insan al Kamil*) de los místicos sufíes,[89] y nuevamente en el Dharmakaya, el Cuerpo Cósmico de Buda, o la naturaleza de Buda que está en todos los hombres.[90]

No hay razones para dudar de que Jesús usaba este término para sí mismo. Era una frase que podría significar todo o nada. Lo ligaba con la humanidad como un todo, como uno de los "hijos de los hombres", y al mismo tiempo abría un horizonte infinito, de

---

84. Daniel 7,13.
85. Marcos 14,62.
86. Ezequiel 2,1 ss.
87. Salmos 8,4.
88. Rig Veda 10,90.
89. cf. *De L'Homme Universel* de Titus Burckhardt (Colección Soufirme, Lyon, 1953).
90. cf. *Textos Budistas* (*Buddhist Texts*) de Edward Conze, págs. 143-144 y 181-84. Cassirer, Oxford, 1954.

manera que la gente se veía obligada a preguntar: "¿quién es este hijo del hombre?"[91]. San Pablo delineó las implicaciones de esta frase cuando vio a Cristo como el segundo Adán. "El primer hombre era de la tierra, terrenal; el segundo Hombre es del cielo"[92]. Y luego continúa diciendo: "de la misma manera que hemos nacido a imagen del hombre terrenal, también llevaremos la imagen del hombre del cielo"[93]. De esta manera, la figura del Mesías atravesó una transformación gradual. Partiendo del rey guerrero que debía conquistar a sus enemigos y establecer su trono por medio de la guerra, llegó a ser concebido como el Sirviente Sufriente que carga los pecados de su pueblo. Partiendo del Hijo de Dios que se sienta majestuosamente en las alturas, llegó más adelante a ser concebido como el Hijo del Hombre, que comparte los sufrimientos del género humano pero que triunfa sobre la muerte y devuelve al hombre a su estado original como centro de la creación. Todos estos temas se entrelazaron alrededor de la persona de Jesús; quien primero fue visto desde un ángulo, y más tarde desde otro. Era el rey de la casa de David, pero al mismo tiempo era el Sirviente Sufriente de Isaías. Era el Hijo del Hombre que "no tenía lugar donde apoyar su cabeza"[94]; pero al mismo tiempo era el Hijo de Dios que había ascendido a los cielos y que volvería en su gloria[95]. Era el sacerdote que había entrado en el santuario celestial[96] y al mismo tiempo era el novio que había preparado la cena matrimonial para su novia[97].

Al igual que el mito del Mesías se fue edificando gradualmente alrededor de la figura del hijo de David, que debía establecer su reino; el símbolo del reino atravesó también una transformación similar. Comenzó siendo un reino terrenal, un reino como el de David, en el cual Israel triunfaría por sobre todos sus enemigos. Aun en tiempos del Nuevo Testamento, existían los zelotes, que querían restaurar el reino por la fuerza de las armas; y es por eso que los discípulos de Je-

---

91. Juan 12,34.
92. 1 Corintios 15,47.
93. 1 Corintios 15,49.
94. Lucas 9,58.
95. Marcos 14,62.
96. Hebreos 9,11-12.
97. cf. Mateo 25, Apocalipsis 19,7.

sús le preguntaban: "¿Cuándo restaurarás el reino de Israel?"[98] y buscaban lugares a su derecha y a su izquierda en el reino.[99]

No obstante desde el principio se entendía que éste sería un reino en donde reinaría el Dios de Israel, y el rey sería su representante. Todas las implicancias de esta concepción se hicieron realidad gradualmente. Uno de los primeros profetas, Miqueas, hablaba de Jerusalem como una ciudad a donde irían todos los pueblos del mundo, porque "la ley del Señor iría por delante desde Sión y la palabra del Señor desde Jerusalem", entonces "forjarán sus espadas en azadones y sus lanzas en podaderas, ninguna nación alzaría su espada en contra de otra nación, ni tampoco irían ya a la guerra"[100]. Aquí pasamos abruptamente a una nueva idea del reino. Está fundada en la palabra o ley de Dios y su efecto es la abolición de la guerra y la llegada del reino de la paz. Isaías, el profeta, tiene la misma visión del reino cuando dice: "grande es su señorío y la paz no tendrá fin, sobre el trono de David y por sobre su reino, para restaurarlo y consolidarlo por la equidad y la justicia, desde ahora y hasta siempre"[101]. El reino del Mesías aparece como un retorno al Paraíso; cuando el espíritu vuelve al hombre, el espíritu de sabiduría y comprensión, del consejo y de la fuerza, del conocimiento y del temor del Señor, y cuyo resultado restaurará la ley de la rectitud, para traer justicia a los pobres y a los débiles, para finalmente restaurar la armonía original entre el hombre y la naturaleza, de manera que "serán vecinos el lobo y el cordero, y el leopardo se recostará al lado del cabrito, el novillo y el cachorro pacerán juntos y un niño pequeño los guiará..."[102].

El carácter mítico del reino está establecido aquí claramente. Ya no es más un reino terrenal, sino el Reino de Dios en la tierra; cuando el hombre y la naturaleza sean restaurados a esa "justicia original" para la cual fueron creados. Este proceso nos muestra los pasos en la evolución del mito del reino. Es en primer lugar, el reino terrenal de David establecido en Jerusalem, la ciudad santa de

---

98. Hechos 1,6.
99. Mateo 20,21.
100. Micah 4,2.
101. Isaías 9,7.
102. Isaías 11,1-6.

Israel. Luego es concebido como el reino ideal, que restaura la justicia y la paz entre los pueblos del mundo y con el reino animal. Finalmente, en el Libro de Daniel, aparece como un reino celestial, que es completado en el Hijo del Hombre. "Y se le otorgó dominio y gloria y un reino, para que todos los pueblos y las naciones y lenguas lo sirvieran: su imperio es un imperio eterno, que nunca pasará y su reino no será destruido jamás."[103] Estas tres características del reino permanecen en el Nuevo Testamento. Mantiene siempre una base en este mundo pero no obstante tiene un carácter ideal, como un estado de justicia y paz a la cual siempre aspira toda la humanidad, y además tiene un aspecto "celestial"; ya que es una manifestación del orden eterno, de la "rectitud" de Dios mismo, de la comunión del hombre con esta infinita realidad trascendente.

7. EL MITO DE LA NUEVA JERUSALEM Y LA CIUDAD DE DIOS

Hemos visto que Israel se veía a sí mismo como un pueblo nómade, un pueblo que siempre iba de un lado a otro. Por lo tanto, el viaje a través del desierto fue visto como una época privilegiada: cuando Israel se sintió bajo la protección especial de Dios y recibió la ley de sus manos, lo que le dio una identidad como pueblo elegido. La ciudad, por otro lado, representada por Babilonia, era vista como un símbolo del estado de pecado del hombre, alejado de Dios y con el corazón puesto en las cosas buenas de este mundo. Aún en nuestros días, la gran ciudad, ya sea Londres, Nueva York o Tokio, permanece como un símbolo de "lo mundano", de la búsqueda de bienes, poder y placer, que separa al hombre de Dios. Fue solo después de muchas dudas que a Israel se le permitió tener un rey[104] y formar un reino. Se temía, en última instancia, que Israel abandonara a Dios y "sirviera a otros dioses"[105].

Cuando David quiso construir un templo para el Señor, se le dijo que el Dios de Israel siempre había estado "de un lado para otro

---

103. Daniel 7,14.
104. cf 1 Samuel 8,4-22.
105. 1 Samuel 10,17-19.

habitando en una carpa"[106], y se le dejó a su hijo Salomón la construcción del templo en Jerusalem. Esto apunta a uno de los problemas fundamentales de la existencia humana. Cuando un pueblo se asienta en un territorio, necesita una ley para gobernarlo y un rey o gobernante para adminstrar la ley. De forma similar, cuando se establece una religión, ésta necesita de una organización, un grupo sacerdotal y una iglesia o templo. No obstante la institución, ya sea la Iglesia o el Estado, siempre tiende a encubrir el Espíritu al cual tiene la intención de servir. Se le dio entonces una Ley a Israel para regular su vida civil y religiosa, se estableció un sacerdocio y un sacrificio y se construyó un magnífico templo. Pero, todas estas cosas, aunque necesarias para el funcionamiento de la religión, ensombrecieron la religión misma y terminaron siendo un obstáculo para su crecimiento.

Sucede lo mismo con las iglesias cristianas en nuestros días. La iglesia cristiana primitiva rompió con el templo, con la casta sacerdotal y con los sacrificios de Israel y desarrolló una vida muy simple de adoración y oración "partiendo el pan en sus casas"[107]. Pero muy pronto comenzó a existir otro grupo sacerdotal y nuevos sacrificios; se construyeron templos y la Iglesia desarrolló una compleja organización. Con la conversión de Constantino, el Cristianismo se convirtió en la religión del Imperio, iniciándose la incómoda alianza entre la Iglesia y el Estado, que ha continuado hasta nuestros días. Algunas veces, la Iglesia dominando al Estado, y otras el Estado controlando a la Iglesia, manteniéndose una permanente tensión entre Dios y el César, entre el Emperador y el Papa, entre el perseguidor y el perseguido. ¿Cómo puede resolverse esta tensión? Parece no haber muchas alternativas de solución, en tanto y en cuanto permanezcamos en este mundo de dualidades. La religión siempre será corrupta al perseguir el poder y los bienes materiales; y el Estado siempre utilizará su poder y dinero para suprimir cualquier cosa que pueda desafiar su autoridad absoluta. Es por esta razón que muchísima gente se rebela hoy contra el Estado y la Iglesia. Se ve a la Religión como perteneciendo a "lo establecido", se

---

106. 2 Samuel 7,6.
107. Hechos 2,46.

siente que el orden establecido de poder, riqueza y prestigio y verdad deberá buscarse fuera del *Establishment*. De la misma forma, el Estado, ya sea capitalista o comunista, es visto como una ordenación inhumana, a menudo sustentado en la injusticia; entonces hay que buscar la liberación fuera de la tiranía de la ley.

Me parece que en el Nuevo Testamento se da una solución a este problema de extraordinaria profundidad, cuyas implicancias aún no han sido cabalmente comprendidas. La Ley –el Torah– fue dada por Dios a Moisés. Establecía las reglas de la religión, de la moralidad y de la sociedad civil hasta en los detalles mínimos; y la obediencia a esta ley era considerada como la prueba de la obediencia a Dios. Se enfatizaba una y otra vez que la salvación de Israel dependería de la observancia de los "estatutos y ordenanzas" de la ley[108]. "Estaban sujetos a llevar una señal por encima de la cabeza y por sobre los ojos, escribiendo las leyes a la entrada de la puerta."[109] Debían transmitir la ley de generación en generación y ésta debía durar "para siempre"[110]. No obstante esta Ley estaba destinada a pasar –el templo, el sacerdocio, los sacrificios y la solemnidad– y sólo permanecerían la circuncisión, la Pascua y unos pocos ritos más. Una cuestión crítica en el Nuevo Testamento fue: ¿que proporción de la ley judía debía ser conservada? Jesús mismo profetizó la destrucción del templo, que tuvo lugar cuarenta años después, en el año 70 DC. Pero Él ya había cambiado el fundamento mismo de la ley, al declarar que "el Sábado fue hecho para el hombre y no el hombre para el Sábado; por lo tanto el Hijo del Hombre es el Señor del Sábado"[111]. La ley fue relativizada abruptamente y se abrió la posibilidad de reducir toda la ley a dos mandamientos: amar a Dios y amar a nuestros semejantes[112].

San Pablo fue quien desarrolló todas las implicancias de esto. Para él, como judío, "educado de acuerdo con los postulados estrictos de la ley"[113], la cuestión crucial se refería a si un cristiano tenía que aceptar la ley, ser circuncidado y observar sus preceptos. El en-

---

108. cf. Deuteronomio 4,1-2.
109. Deuteronomio 6,8-9.
110. cf. Deuteronomio 29,29.
111. Marcos 2,27.
112. Mateo 22,37-40.
113. Hechos 22,3.

frentar este problema llevó a San Pablo a ver a la ley bajo una luz completamente nueva. Las observaciones de la ley eran una "pedagogía", una guía para el género humano, durante su estado de inmadurez, similar a los niños que necesitan un maestro. Y va más allá cuando dice que la ley es un signo del estado pecaminoso del hombre. La gente necesita una ley, un sistema de reglas y regulaciones, porque se encuentra sujeta a sus pasiones y deseos. Una persona que ha alcanzado la madurez descubre que la ley no es una compulsión externa sino más bien un principio interior.[114]

Todo lo externo de la religión, los rituales y sacrificios, el sacerdocio y el templo, son signos externos que pretenden despertar en nosotros la fe, para permitir a la persona pasar de la ley externa de las apariencias a la ley interior del espíritu. Sucede lo mismo en todas las religiones. El mismo Cristianismo desarrolló rituales y sacrificios, una iglesia y un sacerdocio y una organización aún más compleja. Pero este sistema de leyes es similar a todo otro sistema. Está condicionado por el tiempo y la historia, por hechos y circunstancias externas, y como todos los sistemas similares, está destinado a desaparecer. Un visitante de Roma, al ver el magnífico edificio de la Catedral de San Pedro podría muy bien inclinarse a decir: "Mire, maestro, qué piedras maravillosas y qué edificios maravillosos", y la respuesta del maestro podría muy bien ser: "¿Ves estos magníficos edificios? Llegará la época en que no quedará una piedra sobre la otra."[115] Tal es la suerte de toda religión terrenal.

Este es el misterio de la nueva Jerusalem. Ésta fue la ciudad en donde David estableció su trono y en donde Salomón construyó el templo, "una casa por el nombre de Yavé, el Dios de Israel"[116]. El templo fue incendiado por los babilonios cuando Jerusalem fue capturada en el año 587 AC[117] y luego reconstruido bajo Zerubbabel en el año 575 AC[118] y finalmente ampliado en gran escala por Herodes en el año 19 AC. Este templo levantado de Herodes fue el que finalmente resultó destruido en el año 70 DC.

---

114. cf. Romanos 6,5-6.
115. Marcos 13,1-2.
116. 1 Reyes 8,20.
117. 2 Reyes 25,87-9.
118. cf. Ezra 3,7.

Así fue la historia de este templo terrenal. Pero por detrás de esta historia está el mito de Jerusalem como "la ciudad de Dios". Jerusalem es la "montaña sagrada" en donde Dios ha establecido su rey[119]. Es la Ciudad de Dios, la montaña sagrada "hermosa en su elevación, el gozo de toda la tierra"[120]. Es la "perfección de belleza" desde donde ha brillado Dios en adelante[121]. Más sorprendente aún, es la ciudad adonde acudirán todas las naciones, reconociéndola como su madre[122]. Hemos visto cómo Isaías habla de Israel como "unida en matrimonio" con Dios; entonces Jerusalem, es vista como "una corona de belleza" y como una "diadema real" en la mano de Dios[123]. Finalmente, Jerusalem es vista como un signo de la nueva creación: "Miren, yo crearé a Jerusalem en gozo y a su pueblo en alegría, y yo me regocijaré por Jerusalem y me alegraré por mi pueblo."[124]

A la luz de esto, podemos entender la tristeza de Jesús cuando se lamenta sobre Jerusalem. "Oh, Jerusalem, Jerusalem, matando y apedreando a los profetas que fueron enviados a ustedes, cuantas veces he querido reunir a tus hijos como una gallina reúne a sus polluelos bajo sus alas, y no han querido. Pues bien, se les va a dejar desierta vuestra casa."[125] Pero esto marca claramente la brecha con la Jerusalem terrenal, y queda claro que "ni en esta montaña ni en Jerusalem, adorarás tu al Padre... pero llegará la hora, y ya estamos en ella, en que los verdaderos adoradores adorarán al Padre en espíritu y en verdad"[126]. Esta adoración "en espíritu y en verdad" marca la liberación final del hombre de los templos e iglesias, despertando finalmente al orden eterno del cual las iglesias y templos representan los signos temporales. En la Carta a los Hebreos, este pasaje al orden eterno se hace explícito cuando dice que Cristo ha entrado en el "verdadero tabernáculo", que fue instaurado "no por el hombre, sino por Dios", del cual el templo con sus sacerdotes y

---

119. Salmos 2,6.
120. Salmos 48,1-2.
121. Salmos 50,2.
122. Salmos 87,4-6.
123. Isaías 62,3.
124. Isaías 65,17-18.
125. Mateo 23,37.
126. Juan 4,21-23.

sacrificios es sólo una "copia y una sombra"[127]. Porque el verdadero templo "no es de esta creación"[128], y Cristo, al ofrecerse a sí mismo, de una vez y para siempre; ha puesto fin al viejo sacerdocio y a los antiguos sacrificios. Finalmente, en la Revelación de San Juan, el vidente ve a la Ciudad Santa, la nueva Jerusalem "bajando de los cielos desde Dios, preparada como la novia adornada para su esposo"[129]. Aquí se resuelve finalmente el Mito de la Jerusalem terrenal que es ahora vista por lo que es: un símbolo de Dios habitando entre los hombres. "Esta es la morada de Dios con los hombres. Pondrá su mirada entre ellos y ellos serán su pueblo y él, Dios-con-ellos será su Dios."[130] Es significativo que no haya un templo en esta ciudad celestial. "No vi ningún templo en la ciudad, ya que el templo mismo es el Señor Dios, el Todopoderoso y el Cordero. Y la ciudad no tiene necesidad de que brillen el sol o la luna, porque la gloria del Señor es su luz, y su lámpara es el Cordero."[131] Esto me recuerda a un gran dicho del Upanishad que dice: "Ni el sol ni la luna brillan allá arriba, ni las estrellas, ni los rayos ni mucho menos el fuego terrenal. Cuando Él brilla, todo brilla a partir de Él, y por su luz, todo es encendido."[132]

Es así que la nueva Jerusalem se convierte en un símbolo de la nueva creación. Toda institución humana, toda tierra o ciudad, reino, templo, o iglesia es "una copia o una sombra", una manifestación en el espacio y en el tiempo, de una Realidad eterna. La totalidad de la creación y toda la historia humana son "símbolos" de un Misterio trascendente. Todas las doctrinas religiosas son "mitos" o expresiones simbólicas de una verdad que no puede ser expresada apropiadamente. Toda forma de sacerdocio y sacrificio, de ritual o sacramento, pertenece al mundo de los "signos" que están destinados a desaparecer. Hoy, más que nunca, estamos siendo llamados a reconocer las limitaciones de toda forma de religión. Ya sea cristiana, hindú, budista o musulmana; toda religión está condicionada

---

127. Hebreos 8,2-5.
128. Hebreos 9,11.
129. Apocalipsis 21,2.
130. Apocalipsis 21,3.
131. Apocalipsis 21, 22-23.
132. Katha Upanishad 5,15.

por el tiempo, el lugar y las circunstancias. Todas sus formas exteriores están destinadas a desaparecer. Como muy bien lo expresa un dicho musulmán: "Todo pasa, excepto su rostro."[133] Pero en todas estas formas exteriores de religión, de doctrina, de sacramento y de organización, la única Verdad eterna se revela a sí misma, el Misterio único se da a conocer, el Ser único trascendente se manifiesta a sí mismo. La idolatría consiste en detenerse en el signo; la verdadera religión pasa a través del signo hasta alcanzar la Realidad.

---

133. Corán 55,26.

Capítulo IV
La revelación cristiana: el renacimiento del mito

1. EL CAMINO DE LA SABIDURÍA INTUITIVA

Me pregunto una y otra vez, como lo he hecho tantas veces, ¿qué es lo que me ha enseñado la India, y qué tiene la India para enseñar al mundo? Me parece, como a muchos otros, que estamos entrando en una nueva era. La era de la dominación occidental ha terminado y el futuro del mundo no se asienta ni en Europa Occidental ni en los Estados Unidos, sino en Asia, África y América Latina. Esto no significa que debamos rechazar la herencia occidental. Las ideas de la ciencia y la democracia de Occidente han echado raíces en cada una de las partes del mundo. Los ideales de la ciencia occidental; la adecuada observación de los fenómenos, el análisis racional –libre de todo sesgo de parcialidad o emotividad–, el descubrimiento de las "leyes" de la naturaleza –es decir la sucesión natural de los acontecimientos y su aplicación para el beneficio del género humano–; mantienen hoy su vigencia. Así sucede también con los ideales de democracia, el valor de la persona individual, los "derechos" del hombre, es decir el derecho de cada individuo a vivir, a la salud y a la educación y por sobre todo, el derecho a autogobernarse dentro de cuaqluier estructura política; sin dejar de mencionar el derecho de la mujer a la igualdad frente al hombre; son indicadores del crecimiento de la humanidad hacia una creciente madurez, a una realización mas acabada de lo que significa "ser humano".

Pero las limitaciones de la ciencia y de la democracia occidental se han hecho cada vez más evidentes. Los efectos desastrosos del industrialismo, de la polución física, social y psicológica, que contaminan al mundo y amenazan destruirlo son ahora demasiado evidentes. Pero esto no es un "accidente" producto del mal uso de la ciencia y la tecnología; sino que se debe a un error fundamental en el hombre occidental. Al hablar de hombre occidental, no me refiero por supuesto sólo a la gente que vive en Europa Occidental o en los Estados Unidos, sino a una cultura peculiar que proviene originariamente de Sócrates y de los filósofos griegos y que ha producido, en el curso del tiempo, al típico hombre occidental que se encuentra hoy en todo el mundo. Hemos heredado la ciencia occidental y la democracia de los griegos. Durante mucho tiempo, desde la época de Cristo hasta el Renacimiento, esta cultura griega, bajo la dirección de Roma, penetró tanto en Europa Oriental como Occidental. Se generó así una cultura única, en la que el genio de Grecia y Roma se fundieron con la cultura semítica oriental de la religión cristiana, creando una forma de vida equilibrada y armónica, que ha dejado su huella en la arquitectura, el arte, la poesía, la filosofía y la teología de la Edad Media. Pero esta armonía se perdió en el Renacimiento, cuando la mente dominante, agresiva, masculina y racionalista de Occidente se hizo cargo de la situación hasta nuestros días, de manera que hoy Europa permanece en un permanente estado de desequilibrio.

Este equilibrio sólo puede ser restaurado cuando tenga lugar un encuentro entre Oriente y Occidente. Este encuentro deberá tener lugar en el nivel más profundo de la conciencia humana. Se trata últimamente de un encuentro entre dos dimensiones fundamentales de la naturaleza humana: lo masculino (racional, activo, el poder dominante de la mente) y lo femenino (la fuerza intuitiva, pasiva y receptiva). Por supuesto, estas dos dimensiones existen en todo ser humano, en cada pueblo y raza. Pero durante los últimos dos mil años, culminando en nuestro siglo XX, la mente racional masculina ha dominado gradualmente a Europa Occidental, desparramando su influencia por todo el mundo.

El mundo occidental –y con él el resto del mundo que ha sucumbido a su influencia– deberá ahora redescubrir el poder de la mente intuitiva femenina, que ha delineado durante tanto tiempo las culturas de Asia y África y las culturas tribales de todo el mundo. Este es un problema no solamente del mundo en su totalidad, sino también de la religión. Las iglesias cristianas, Católica, Ortodoxa y Protestante, se han formado bajo la influencia de la mente occidental. Han construido estructuras doctrinarias y de disciplina, de leyes y moralidad, que llevan la marca del genio occidental. Las iglesias Orientales han retenido algo del carácter oriental pero aún están dominadas por la mente griega. Aún la tradición semita original, que dio origen al Cristianismo, aunque profundamente intuitiva, aún mantiene un carácter masculino dominante. Todas las iglesias cristianas, orientales y occidentales, deberían volcarse a las religiones orientales; al Hinduismo, al Budismo y al Taoísmo y a la mezcla sutil de todas ellas en la cultura oriental como así también hacia los niveles intuitivos más profundos de las religiones tribales de África y del resto del mundo, si pretenden recobrar su equilibrio y desarrollar una forma auténtica de religión que pueda responder a las necesidades del mundo moderno.

¿Qué es lo que quiero decir entonces con "intuición" –como distintiva de la razón– por este poder femenino de la mente? Esta es una pregunta que me ha acompañado desde el tiempo en que comencé a pensar por mí mismo. Traté de responderla cuando inicié mis primeros estudios de filosofía, en dos ensayos referidos al "Poder de la Imaginación" y al "Poder de la Intuición". Ambos ensayos, debe enfatizarse, fueron rechazados por los periódicos católicos de la época, porque no eran los suficientemente "tomistas". Y realmente, ya en esa época sentí que esta es la mayor debilidad de la filosofía de Santo Tomás de Aquino –magnífico como es a su manera–: el no haberle dado lugar al poder de la intuición. Es verdad que Santo Tomás reconoce indirectamente un poder del conocimiento por la "connaturalidad" o "simpatía", un conocimiento "afectivo", pero aun así, esta perspectiva tiene poco espacio dentro de su sistema estrictamente racional. Para él, como así también para los griegos y para el hombre moderno occidental, el conocimiento debe ser encontrado en conceptos y juicios, en la lógica y la razón y en el pensamiento sistematizado. La ciencia occidental, en todo lo concerniente a la observación y a lo experimental, permanece firmemente ligada a esta forma de pensamiento que como tal, es una herencia de la filosofía escolástica y griega.

¿Qué es entonces la intuición? La intuición es un conocimiento que no deriva de la observación, ni de la experimentación, ni de los conceptos o la razón, sino de la reflexión de la mente sobre sí misma. Lo que distingue a la mente humana por sobre todo lo demás, no es su poder de observación y de experimentación –que los animales también poseen en cierto grado–, ni su poder de razonamiento lógico y matemático –que una computadora puede imitar bastante exitosamente–, sino su poder de reflexionar sobre sí misma. La mente humana está estructurada de tal manera que siempre está presente para sí misma. Cuando como o aún cuando duermo, cuando siento felicidad o tristeza, cuando odio o amo, no solamente atravieso ciertos procesos físicos o psicológicos. Estoy presente para mí mismo y en cierto sentido consciente de mí mismo, comiendo o durmiendo, experimentando felicidad o tristeza, amando u odiando. Cuando sé algo que sé que sé, en otras palabras, sé no solamente lo que sé, sino que me conozco a mí mismo como conocedor. Cada acción humana o sufrimiento está acompañada por una auto conciencia, una reflexión en el ser. La dificultad es que esta auto conciencia, esta auto reflexión, no es consciente en el sentido ordinario de la palabra. A menudo se la denomina "inconsciente". Jung nos ha familiarizado con este conocimiento del inconsciente, sosteniendo todo conocimiento consciente. Pero éste es un término insuficiente, debido a que existe una cierta clase de conciencia en este estado. Se la puede llamar "subconsciente", pero esto nuevamente sugiere que no es realmente un estado de conciencia. Puede ser llamado "subliminal", es decir, por debajo del umbral de la conciencia (*limen*). En su "*Intuición creativa en el Arte y en la Poesía*", Maritain habla de él como "por debajo de la superficie iluminada" de la mente. Esto se acerca más a la verdad. La intuición no pertenece realmente a la superficie iluminada de la mente, sino a la oscuridad y a la noche, al mundo de los sueños e imágenes bajo la luz de la luna, antes de que emerjan a la conciencia racional.

Tratemos de desentrañar esto. Cuando estoy comiendo o durmiendo, cuando simplemente experimento mi ser físico, existe una conciencia oscura y confusa de mi "comer o dormir". El bebé que recién ha aprendido a succionar el pecho de su madre o que permanece pacíficamente dormido, posee ya una conciencia oscura de sí mismo, que finalmente evolucionará a la conciencia total de sí. Aun antes del nacimiento, en el útero de su madre, el niño comienza a experimentarse a sí mismo. La prueba de ello es que todas estas experiencias permanecen indeleblemente impresas en la mente; es decir la memoria. Años después, una persona puede descubrir que el trauma del nacimiento o la experiencia de abandono en la infancia, han afectado permanentemente su psiquis y que puede traerlos de nuevo a la conciencia. Ya he dicho que aun durante el sueño, existe una oscura auto conciencia. Esto es obvio en los sueños y se sostiene que aún existe la conciencia de sí, durante en el sueño profundo, que los hindúes llaman *sushupti*. La mente vuelve a sumergirse dentro de su fuente y la memoria de esta fuente permanece. Uno puede entender la dificultad de lo que estamos intentando hacer. Estamos tratando de traer a la conciencia racional y expresar en conceptos racionales, lo que está más allá de la conciencia racional pero que no obstante deja su marca en la mente racional.

Tal vez podríamos hablar de "intelecto pasivo". Existe un intelecto activo, el *intellectus agens*, que abstrae conceptos racionales a partir de nuestra experiencia sensorial y posteriormente desarrolla teorías científicas. Pero también existe un intelecto pasivo. Antes que el intelecto comience a actuar, recibe las impresiones de la experiencia del cuerpo, de los sentidos, los sentimientos y la imaginación. Esta es la fuente de la intuición. Todas las experiencias de mi ser físico, de mi propio cuerpo, del mundo que me rodea, de mis reacciones emocionales y de las imágenes que surgen en mí, se imprimen en el intelecto pasivo. No existe algo como una mera sensación, un mero sentimiento o un pensamiento. Cada sensación, cada sentimiento, cada imaginación, afecta mi mente, modifica mi ser. Vivo y actúo como un todo. No importa cuán oscura pueda ser esta auto conciencia; está allí en cada acción y en cada sensación, en cada pensamiento y sentimiento. Estoy presente para mí mismo en todo momento de mi existencia. Esta es la verdadera estructura de mi mente, de mi conciencia. Si pongo a prueba a mi conciencia suficientemente, puedo hacerme consciente de esta conciencia subliminal. Puedo ir por debajo de la superficie de mi mente y explorar sus profundidades.

Esto es lo que se ha enseñado en Occidente como un método de psico-análisis, pero el psicólogo occidental raramente va mas allá del nivel de la conciencia del sueño y de las emociones reprimidas, mientras que en Oriente, en el yoga Hinduísta, Budista o Taoísta, han penetrado hasta las profundidades de la psiquis y descubierto su fundamento original. Esto es lo que tiene que aprender a hacer el hombre occidental. Debe encontrar el camino de la auto realización que ha sido seguido por Oriente desde tiempos inmemoriales.

El ser no es el pequeño ego consciente, que construye sus sistemas lógicos y conforma su mundo racional. El ser se sumerge profundamente en el pasado de la humanidad y en la totalidad de la creación. Yo llevo en el interior de mi mente –mi memoria en el sentido profundo– la totalidad del mundo. El movimiento de los átomos y moléculas, que forman las células de mi cuerpo, está registrado en el intelecto pasivo. La formación de mi cuerpo en el útero de mi madre en todos sus estadios, se encuentra totalmente almacenado en mi memoria. Todo impulso de amor u odio, de temor o enojo, de placer o dolor, ha dejado su marca en mi mente. Tampoco estoy limitado a la sola experiencia de mi propio cuerpo y sentimientos. Estoy física y psicológicamente ligado con todo el mundo que me rodea. Mi cuerpo es el centro de los fenómenos electromagnéticos, de las fuerzas de gravitación; y de todo tipo de cambios químicos. Mis sentimientos son reacciones a todo un mundo de sentimientos, tanto pasados como presentes, en los cuales me encuentro involucrado. Todo esto ha dejado su impresión en mi mente. Bien dijo Hamlet: "¡Qué construcción maravillosa es el hombre!" Mi mente es un misterio impenetrable, que refleja la totalidad del mundo, y me convierte en el centro de conciencia entre otros cientos de centros similares; cada uno reflejando la totalidad.

La intuición, entonces, es el conocimiento del intelecto pasivo, la conciencia de sí, que acompaña a toda acción y a toda meditación, reflexión deliberada. Es pasiva: viene del mundo que me rodea, de las sensaciones de mi cuerpo, de mis sentimientos y de mis reacciones espontáneas. Es por eso que la intuición no puede ser producida. Se le debe permitir que ocurra. Pero eso es justamente lo que la mente racional no puede soportar. Quiere controlarlo todo. No está preparada para permanecer en silencio, quieta, para permitir que las cosas ocurran. Por supuesto, existe una pasividad de la inercia, pero esta es una "pasividad activa". Es lo que los chinos llaman *wu wei*, la acción en la inacción. Es un estado de receptividad. "Abramos nuestras hojas como una flor –dice Keats– y permanezcamos pasivos y receptivos." Estas palabras me inspiraron en el comienzo de mi búsqueda, pero es solamente ahora que me doy cuenta de su completo significado. Existe una actividad de la mente que es posesiva, cumplidora, dominante, pero también existe una actividad que es receptiva, atenta, abierta a los otros. Esto es lo que tenemos que aprender. La expresión clásica de esta sabiduría intuitiva se la encuentra en el Tao-Te-Ching, que habla del Espíritu del Valle y de lo Místico Femenino. Dice: "La puerta de lo Femenino Místico, es la raíz del cielo y de la tierra." "Al abrir y cerrar las Puertas del Cielo, ¿podemos representar el rol femenino? Al comprender todo conocimiento, ¿podemos renunciar a la mente?" "Persigue el vacío más profundo, sostiene firme la base de la Quietud." "Retornar a la raíz es reposar."[1] Estos son los principios que sustentan la sabiduría de Oriente; que Occidente deberá descubrir, y que Oriente y China deberán recobrar, si el mundo habrá de alcanzar alguna vez su equilibrio.

El intelecto pasivo es el "intelecto de los sentimientos" de Wordsworth. Es el intelecto unido al sentimiento, con las emociones. Fue así que Wordsworth describió la poesía como "la emoción recordada en la tranquilidad". Surge en las emociones y asciende al nivel del intelecto, en donde es "recordada", llevada a la unidad, con un significado dado. Wordsworth describió maravillosamente todo el proceso, cuando en su obra *"Líneas escritas sobre Tintern Abbey"* hablaba de sensaciones...

"Sentidas en la sangre y sentidas a lo largo del corazón
y pasando aun al interior de la mente más pura
con tranquila renovación..."

Se describe aquí el proceso del conocimiento intuitivo en su totalidad. Es un conocimiento integral, que abarca la totalidad del hombre; comenzando por la "sangre" (el ser físico), atravesando el

---

1. *Tao Te Ching* 6, 10 y 16. Extractado de La *Sabiduría de China* (*The Wisdom of China*) por Lin Yutang (Michael Joseph, Londres).

corazón (el asiento de los afectos, el ser psíquico), y finalmente alcanzando la "mente más pura" (no la razón sino el intelecto, la mente intuitiva).

Entonces la intuición existe en cada nivel de nuestro ser. Comienza con la "sangre", con la conciencia del cuerpo. Aún en este nivel el intelecto, el ser, está presente. La idea de "pensar con la sangre" no es una ilusión. En este nivel, existe una conciencia de sí muy profunda. Los pueblos tribales, especialmente en África, tienden siempre a pensar con la sangre, expresándose a través del batir de los tambores y de los movimientos de la danza. Esta es una forma auténtica de conocimiento, de auto descubrimiento y de auto afirmación. Todos los pueblos simples tienden a vivir más desde sus cuerpos que desde sus mentes, es decir, desde el conocimiento intuitivo del cuerpo antes que desde el conocimiento racional de la mente.

D. H. Lawrence, que fue el profeta de esta clase de conocimiento, lo ha expresado muy bien: "Hemos perdido casi totalmente la conciencia sensual intrínsecamente desarrollada, o conciencia de los sentidos y conocimiento sensitivo de los hombres de la antigüedad. Era un conocimiento sumamente profundo, que les llegaba directamente a través del instinto y la intuición, y no por la razón. Era un conocimiento basado no en las palabras, sino en las imágenes. La abstracción no se expresaba por medio de generalizaciones o cualidades, sino por medio de símbolos, y la conexión no era lógica, sino emocional."[2] Es importante destacar que este es el verdadero conocimiento: no es solamente una experiencia sensitiva o emocional. Es conciencia sensorial, experiencia emocional reflejada en la mente; no en la mente racional o en la inteligencia abstracta, sino en la mente intuitiva, en el intelecto pasivo. Encuentra su expresión, no en conceptos abstractos, sino en gestos concretos, en imágenes y símbolos, en danzas y canciones, en sacrificios rituales, en la oración y el éxtasis.

La gran ilusión del mundo occidental es pensar que ese conocimiento está formado por pensamientos abstractos y que una persona iletrada es ignorante. En realidad, muchos iletrados poseen una

---

2. D. H. Lawrence, *Apocalipsis*.

sabiduría que está totalmente más allá del alcance de una persona occidental. Ramakrishna, el santo hindú, que fue más que nadie el responsable de la renovación del hinduismo en el siglo pasado, era un Brahmin iletrado, que hablaba desde las profundidades de una sabiduría intuitiva.

La intuición entonces, puede existir en el nivel del instinto corporal. La gente que habitualmente anda descalza y que expone su cuerpo al sol (como ocurre en muchos lugares de Asia y África), posee una conciencia intuitiva del poder, el *sakti* en términos hindúes, que existe en la tierra, en el aire, en el agua y en el fuego del sol. Experimentan estas fuerzas de la naturaleza actuando en ellos y tienen un conocimiento instintivo de los poderes ocultos de la naturaleza. Un granjero tiene habitualmente un conocimiento instintivo –un conocimiento por simpatía– de los poderes productivos de la tierra, de los efectos de las estaciones del año, y de los cambios de la luna y del tiempo reflejados en el cielo. El conocimiento científico racional puede incrementar la precisión de esta clase de conocimiento y hacerlo sistemático, pero separa al hombre de la naturaleza y crea un mundo artificial.

La gente que vive en un mundo de rutas de cemento y edificios, de estructuras de acero e instrumentos plásticos, pierde contacto con el mundo de los sentimientos espontáneos y del pensamiento imaginativo. Esto se debe a que la mente racional y científica se auto excluye del "intelecto del sentimiento", la fuente de la sabiduría intuitiva. No es que la ciencia y la razón sean malas en sí mismas, sino que están divorciadas de los sentidos y de los sentimientos. Lo que debemos buscar es este "matrimonio" de razón e intuición, de lo masculino y femenino, y solamente entonces descubriremos una tecnología humana que se corresponda con las necesidades más profundas del hombre.

El primer nivel de intuición, está entonces, en el nivel físico. Esto incluye, por supuesto, la esfera de lo sexual. El sexo en sí mismo es un medio de conocimiento. Es significativo que los hebreos hablaran de un hombre que "conoce" a una mujer en el matrimonio: "Adán conoció a su esposa Eva, y ella concibió un hijo."[3] Recorde-

---

3. Génesis 4,1.

mos que por un proceso inverso se habla del conocimiento en términos de sexo. Un "concepto" es algo "concebido" por la mente, un fruto de la unión de la mente con la naturaleza, en términos hindúes, entre *purusha* y *prakriti*.

Debemos recordar que el sexo en el ser humano nunca es solamente un proceso físico. Involucra el cuerpo, los sentimientos, los afectos. Es "sentido en la sangre y sentido en el corazón", para usar el lenguaje de Wordsworth y "pasa aún al interior de la mente más pura". Toca las profundidades de la conciencia humana despertando las fuerzas intuitivas de la mente y transformando el Yo. Un hombre conoce a una mujer en la unión sexual, de una forma mucho más profunda que cualquier ciencia o filosofía. Esta es la sabiduría por medio de la cual vive la mayoría de la gente, una sabiduría de intimidad y afectividad humana, que abarca a toda la persona. Pero esta unión tiene lugar en tres niveles. El primero es el nivel de los sentidos físicos, de la sangre, de los nervios y del orgasmo resultante; éste es ya una clase de conocimiento. El yo está presente en esta experiencia: ya es específicamente una experiencia humana. Pero más profundamente que el nivel de la intimidad física, está la unión emocional. Existe, en cada ser humano, un anhelo de calidez, de acercamiento y de intimidad. El primer impulso del bebé es encontrar el calor y la intimidad en el pecho de su madre. Pero por detrás de este deseo de calidez e intimidad, existe un deseo de amor, de satisfacción emocional. La intimidad deseada no es meramente física sino psicológica. La unión sexual no busca meramente la intimidad física, sino que busca un compartir el amor, una auto entrega, una comunión en la cual cada uno enriquece el ser del otro. Este, nuevamente, es una forma de conocimiento, un conocimiento de amor, de comunión, por medio del cual cada uno descubre al otro.[4]

En esta unión de amor, el hombre aprende a conocer a la mujer y la mujer aprende a conocer al hombre, descubriendo mutuamente su propia masculinidad y feminidad. Esto va mucho mas allá de un estado meramente emocional. Es un despertar al ser. Cada uno descubre un nuevo aspecto de su ser. En toda unión sexual está pre-

---

4. El estudio más profundo que conozco sobre amor sexual es el de Mary y Robert Joyce en *Nueva Dinámica en amor sexual* (*New Dynamics in sexual love*). St. John´s Collegeville, Estados Unidos, 1970.

sente este auto conocimiento, pero cuando la unión emocional es superficial, este auto conocimiento permanece latente. Es solamente cuando la unión emocional es profunda y duradera que ese auto conocimiento puede crecer. Cuando esto ocurre se alcanza un nuevo nivel de conocimiento. Ya no es solamente una intuición física o emocional, es un crecimiento en el conocimiento personal, un despertar al ser interior. Como toda intuición, es un reflejo del ser en el ser, una auto presencia, pero en este punto, el ser descubre una nueva dimensión de su existencia. El intelecto pasivo, la visión interior, se despierta a un nuevo nivel de comprensión. En una unión profunda verdadera de amor, esto puede derivar en un estado de éxtasis. El ser va más allá de sí mismo y despierta al fundamento de su existencia en una auto trascendencia. Entonces el hombre y la mujer van más allá de la dualidad del sexo y descubren su unicidad en un amor que es la total realización.

Es importante darnos cuenta de que todo amor sexual tiende hacia este estado trascendente. Ningún hombre o mujer puede estar totalmente satisfecho con una unión meramente física o emocional. El amor va más allá del cuerpo y de los sentimientos y alcanza lo más profundo del ser humano; en donde ya no existe la división de masculino y femenino. El hombre y la mujer encuentran la totalidad de su ser: en cada uno de ellos se une lo masculino y femenino, y la división existente dentro de la naturaleza humana es superada. Esta es la intuición suprema del ser, que encontramos en los grandes místicos. No es accidental que la experiencia mística sea a menudo descripta en términos de unión sexual. Esta no es una "sublimación" en el sentido freudiano. Es una apertura de la naturaleza humana a la completa dimensión de su ser. Es propio de la naturaleza del amor humano el no poder satisfacerse con el contacto físico o con la aproximación emocional. Busca más bien una realización radical en una total auto entrega. Para algunos, la unión sexual puede ser el camino para esta total auto entrega y auto descubrimiento; otros pueden despertar a este éxtasis de amor ante la presencia de la naturaleza como Wordsworth, otros pueden encontrarlo en el servicio solidario y en el sacrificio personal. Pero no importa cuál sea la forma, este éxtasis de amor nos lleva a la suprema sabiduría, al descubrimiento de la profundidad del ser, ya no aislado, sino en la comunión del amor, para la cual fue creado.

Existe, por lo tanto, una esfera de intuición física-biológica, y una intuición emocional-afectiva. Pero más allá de ambas, está la esfera de la intuición imaginativa. Es aquí en que el poder intuitivo de la mente se manifiesta más claramente. Las experiencias del cuerpo, con sus sensaciones y emociones, están todas reflejadas en la imaginación. La imaginación es primariamente una fuerza pasiva, refleja las imágenes del mundo a nuestro alrededor y de nuestras propias experiencias internas. Es la esfera de lo que Jung llamó los "arquetipos". La experiencia humana está estructurada alrededor de ciertas imágenes primordiales: el padre, la madre, el niño, la novia, el novio, el agua y el fuego, la sombra y la oscuridad; todas éstas son imágenes arquetípicas que se encuentran en lo que Jung llamó el "inconsciente", pero que yo llamaría las profundidades subliminales de la conciencia. Porque todos estos arquetipos, son formas de la intuición; son imágenes que reflejan al ser emergiendo las profundidades de la conciencia de sí. Estos arquetipos se hallan ocultos en la mayoría de la gente, sin haber salido a la luz de la conciencia reflexiva. Pero en los poetas y artistas, los arquetipos emergen a la luz de la conciencia. El intelecto pasivo recibe estas imágenes desde las profundidades de sus experiencias físicas y emocionales y vuelca sobre ellas la luz de la inteligencia. Es aquí cuando, de la oscuridad de las experiencias física y emocional, comienza a surgir la intuición, hacia la clara luz del conocimiento.

Pero este conocimiento no es un conocimiento racional, abstracto o conceptual. La mente no "abstrae" (extrae) nada de la experiencia del cuerpo para formar un concepto y razonar a partir de él. El intelecto ilumina la experiencia actual y concreta, penetrando el mundo físico y emocional y llenándolo de luz. No sólo los poetas, sino la mayoría de la gente dentro una sociedad normal, vive de la imaginación antes que de la razón abstracta. Es sólo el mundo artificial del hombre de Occidente el que busca educar en los hábitos del conocimiento abstracto, creando sistemas lógicos, expresados en la jerga de la mente científica.

En una sociedad humana normal, tal como las sociedades que aún existen en la mayor parte de Asia y África, el hombre vive de su imaginación y se expresa en el lenguaje de la imaginación, a través de gestos y rituales, en un lenguaje consistente en símbolos que reflejan el ser y el mundo en imágenes concretas a menudo acompañadas por música y danza. Pero, por supuesto, es en los grandes poetas y artistas en que podemos ver la evolución de la imaginación humana. Ellos traen a la perfección lo que en mucha gente permanece oscuro e incoherente; y es debido a que poseen una facultad humana básica común a todos los hombres, que se dirigen a todos los hombres. Homero y los grandes trágicos griegos, Virgilio y Dante, Shakespeare y Goethe, todos ellos hablan este lenguaje humano universal y es a ellos a quienes acudimos para adquirir una comprensión más profunda de la naturaleza humana. De la misma manera buscamos a grandes novelistas como Tolstoi y Dostoievski –con su perspectiva imaginativa–, para comprender profundamente nuestra condición humana actual.

¿Qué es entonces la imaginación poética? Maritain[5] la ha definido como "la intercomunión entre el ser interior de las cosas y el ser interior del ser humano". Existe, como hemos visto, una presencia del ser en cada experiencia humana, pero en la mayoría de la gente esta presencia se concreta sólo a medias, o ni siquiera se hace presente. En el poeta, esta presencia del ser se hace consciente; la latente conciencia de sí crece hacia un conocimiento consciente a través de su experiencia del mundo que lo rodea. Está más allá del común de la gente, sensible al mundo de los sentidos, a la visión y al sonido, al tacto, al gusto y al olfato, y estas sensaciones, acompañadas de las correspondientes imágenes, entran profundamente en su conciencia. Son reflejadas en las profundidades de su ser, en el intelecto pasivo, y se transforman en intuitivas. Es decir, el intelecto penetra en la profundidad de su auto conciencia y trae las imágenes a su interior, lo que focaliza su experiencia. El mundo es reflejado en su imaginación en toda su riqueza concreta, en donde el

---

5. *Intuición creativa en Arte y Poesía* por J. Maritain (*Creative Intuition in Art and Poetry*). (Meridian Books, Nueva York, 1954). Particularmente cap.3: "La vida pre-consciente del intelecto" y cap. 4: "Intuición creativa y conocimiento poético", al que le debo mucha de mi comprensión de la naturaleza del conocimiento intuitivo.

sentimiento y el pensamiento son fundidos en unidad.

La mente abstracta racional crea un mundo de conceptos, separados de la realidad concreta, mientras que la mente imaginativa recrea el mundo concreto, reflejándolo en símbolos; ya sea por medio de palabras, de movimientos rítmicos, de símbolos pintados o de formas arquitectónicas. Todo arte genuino surge de esta profunda experiencia del ser en el mundo, y del mundo en el ser. Es una experiencia humana primordial, desde donde emerge el mismo lenguaje y toda forma de auto expresión. Es el abandono de este mundo de la imaginación, de "arte", en el sentido mas amplio y profundo, a favor del mundo de la razón dominado por la "ciencia"; lo que ha causado el desequilibrio de la civilización occidental. Esto no quiere decir que la ciencia y la razón sean malas en sí mismas. Son elementos esenciales en la naturaleza humana, y el desarrollo de estas facultades en Occidente –desde la época de los griegos– es un elemento esencial en el progreso humano. Pero el dominio de la ciencia y la razón, y la supresión real del arte y la imaginación en la educación normal, ha causado un desequilibrio fundamental en la cultura occidental

Este es sólo un aspecto dentro de la dominación ejercida por el hombre hacia la mujer, del agresivo intelecto masculino sobre la imaginación intuitiva femenina, que ha afectado a la cultura occidental. Bajo esta perspectiva se piensa que el hombre y la mujer sólo difieren físicamente y que las razas sólo difieren en el color de su piel. No se reconoce aquí las profundas diferencias psicológicas entre el hombre y la mujer y entre el hombre de Asia, África y Europa. Esto se debe a la ceguera que existe en relación al aspecto femenino de la naturaleza humana. Cada hombre y cada mujer es tanto femenino como masculino, y en cada persona deberá realizarse este matrimonio de lo femenino y lo masculino. Cuando el hombre se niega a reconocer el aspecto femenino dentro de sí mismo, está en realidad despreciando o explotando a la mujer y exaltando a la razón por sobre la intuición, a la ciencia por encima del arte, al hombre por sobre la naturaleza, a la raza blanca, con su razón dominante, por sobre la gente de color, con su sentimiento intuitivo e imaginación. Este ha sido el curso que ha seguido la civilización occidental durante los últimos siglos. Ahora estamos despertando al lugar que debe ocupar la mujer en la sociedad, al significado del sexo y del matrimonio, al valor del arte y la intuición y al lugar que ocupa la gente de color dentro del mundo civilizado. Lo que tiene que producirse es un "matrimonio" entre Oriente y Occidente, de la mente intuitiva con la razón científica. Los valores de la mente científica no deben perderse, pero necesitan estar integrados a la visión más amplia de la mente intuitiva.

Tanto la razón como la intuición son defectuosas en sí mismas, de la misma manera que el hombre es imperfecto sin la mujer y la mujer sin el hombre. La intuición por sí misma es ciega. Es una oscura conciencia del ser en la experiencia del mundo. La intuición se empantana fácilmente con las emociones. Este es el aspecto negativo de la mujer, la fuente de la inconstancia y la inestabilidad, *la femina mutabile semper* de Virgilio. Crea la imagen del desenfreno, de la tentación, de la mujer escarlata. Es la fuente de credulidad y superstición, de la brujería y el encantamiento, de la vaguedad y la confusión del pensamiento. El crecimiento de la ciencia y la razón en Occidente fue mayormente una reacción contra esta intuición desequilibrada, reflejada en las supersticiones de la Iglesia medieval, en el culto de la brujería, la hechicería, y en el fanatismo religioso. No obstante, la respuesta a esto no fue el rechazo de la mente intuitiva, sino su unión con la mente racional. La intuición comienza en la oscuridad del niño en el vientre materno. Crece a través del despertar de la experiencia emocional e imaginativa, pero eventualmente se extiende a través del intelecto pasivo, en el que se imprimen todas estas experiencias de los sentidos y de las emociones, hasta el interior de la clara luz de la mente. Es entonces cuando tiene lugar este "matrimonio" de la imaginación y la razón y del intelecto pasivo y el activo. Esto es lo que vemos reflejado en los grandes poetas. En ellos, la profunda experiencia del ser físico y las riquezas de la vida emocional e imaginativa, le son comunicadas por la razón.

La razón en sí misma, el intelecto activo, es llevada al interior de la mente intuitiva, es decir, dentro del conocimiento reflexivo del ser, transformándose, la misma razón, en intuitiva. Es esto lo que encontramos en Dante. Extrae la profundidad de la pasión humana y de la sensibilidad, atraviesa todas las emociones de amor y odio, de esperanza y desesperación, de alegría y tristeza y encarna toda esta profunda experiencia en una amplia visión imaginativa. Todo esto surge en el sonido y la melodía, en la rima y el ritmo, en la riqueza verbal y en la imaginación concreta de sus versos. Pero en todo esto, existe un "esqueleto" de razón poderosa, de filosofía y teología sutil, de doctrina y argumento. No obstante, este "esqueleto" de pensamiento abstracto está integrado en la visión imaginativa del todo. La filosofía y la teología han sido transformadas en poesía, y el poder intuitivo de la mente ha asimilado, todos estos elementos diversos, en su interior.

Pero aun con Dante, no hemos alcanzado todavía el punto culminante de la mente intuitiva. El poeta sintetiza todos estos elementos de la experiencia humana en una visión unitiva, pero que aún permanece dependiente de imágenes y conceptos. Existe una visión posterior que va mas allá de las imágenes y conceptos, como el mismo Dante lo experimentó cuando, en la visión culminante de *"El Paraíso"*, dijo:

"En adelante mi visión se elevará a las alturas en donde la palabra es derrotada y deberá quedar atrás."[6]

Existe un punto en donde la intuición, habiendo atravesado los reinos de la oscuridad y del crepúsculo, hasta el sol, llega ahora más allá. Arrastra consigo toda la experiencia profunda del cuerpo y de la sangre, y todo lo que las emociones y la imaginación han impreso en ella, llegando ahora más allá de las imágenes y pensamientos; "retorna a sí misma" en un acto puro de auto reflejo, de auto conocimiento. Esta es la experiencia del místico, quien, liberado de todas las limitaciones tanto del cuerpo como del alma, entra en el gozo puro del espíritu. El espíritu es el punto culminante tanto del cuerpo como del alma, en donde la persona individual se trasciende a sí misma y despierta al fundamento eterno de su ser. La oscura intuición del ser físico, la intuición ampliada de la experiencia emocional e imaginativa, la luz de la razón descubriendo las leyes y principios de la naturaleza y del hombre; son todos reflejos de la luz

---

6. *Paradiso*, 33, traducido por Barbara Reynolds (Penguin Classics).

pura de la intuición, en donde el alma se conoce a sí misma, no meramente en su relación viva con el mundo que la rodea o con los demás seres humanos, sino en su fundamento eterno, en la fuente de su ser. En este punto del espíritu, el alma se transforma en luminosa, o más bien descubre que es ella misma pero reflejando una luz que brilla por siempre más allá de la oscuridad, una luz que permanece siempre igual, pura, transparente, penetrando toda la creación, iluminando a cada ser humano, pero no obstante, permaneciendo siempre en sí misma, tranquila y sin cambios, recibiendo todo dentro de sí y convirtiendo todo en la sustancia de su propio e infinito ser.

Es este descubrimiento de este ser infinito, eterno e incambiable, más allá del flujo del tiempo y del cambio, más allá del nacimiento y la muerte, más allá del pensamiento y del sentimiento, no obstante respondiendo a la necesidad más profunda de cada ser humano; la meta de todas las religiones del mundo y de toda la humanidad. Aquí ya no existe una división entre el hombre y la mujer, ya que lo masculino y femenino son uno. No existe ya una división entre el hombre y la naturaleza, ya que la naturaleza y el hombre han encontrado su unidad en su fuente. Ya no hay más divisiones entre clases, razas y religiones ya que aquí todas han encontrado la verdad y la vida que estaban buscando.

No obstante, este Ser no está alejado de nadie ni de nada. Está en cada persona y en cada cosa como el fundamento de su ser único e individual. Toda la creación está sustentada en este único Ser; cada átomo y cada electrón, cada célula viviente y cada organismo, cada planta y cada animal, cada ser humano, existe para siempre en este ser eterno. El tiempo y el cambio, el cuerpo y el alma, la vida y la muerte disfrazan esta única realidad, pero no obstante ellos mismos son sus manifestaciones y al mismo tiempo existen en Él. Como bien lo expresa un dicho antiguo: "Todo lo que está allí está aquí, todo lo que está aquí está allí." El mundo del tiempo y del espacio es un reflejo de este mundo eterno; como lo explica Platón: "El tiempo es una imagen movible de la eternidad." Todo lo que tiene lugar en el tiempo es visto y conocido en ese eterno ser. Estamos condicionados por el tiempo de manera que vemos una cosa después de la otra y nunca podemos alcanzar la totalidad. Pero la visión intuitiva es una visión de totalidad. La mente racional va de punto en punto y llega a una conclusión: la mente intuitiva alcanza el todo en cada una de sus partes. Eckhart escribió: "Este poder no tiene nada en común con nada, no conoce ayer o día antes, ni mañana o día después (porque en la eternidad no hay ni ayer ni mañana); sólo existe un presente ahora, los acontecimientos de hace cien años o de los próximos cien años, están allí en el presente y en las antípodas al igual que aquí."[7]

Es difícil para nosotros, casi diría imposible, con nuestras mentes delimitadas por el tiempo y con nuestros cuerpos limitados en el espacio, entender esta realidad eterna; pero que existe en cada uno de nosotros, algo que corresponde a ese ser eterno; una pequeña chispa, un rayo de luz, que toca nuestras mentes y nos despierta a este misterio trascendente. Esta pequeña chispa está presente en cada ser humano, para muchos permanece completamente oculta, mientras que para otros, se enciende ocasionalmente, de manera que puedan tener visiones fugaces de ese otro mundo. Son sólo los místicos los que penetran más allá y ven la luz, y aun para ellos es difícil permanecer por mucho tiempo en ese estado. Es solamente después de la muerte que finalmente atravesaremos las sombras y la oscuridad y veremos a todas las cosas y a todas las personas como realmente son, en su verdad eterna y en su infinita realidad.

Es el propósito de toda religión genuina, revelar este misterio trascendente y enseñar el camino para obtenerlo. Pero esta revelación le es dada, no a la mente racional sino a la intuitiva, y la forma de descubrirla no es a través de argumentos sino por medio de la auto entrega, la apertura del yo a su fundamento eterno. "No por las Escrituras, ni por el intelecto, ni por mucho estudio, será este Ser conocido. Aquel, que el Ser elige, es aquél que alcanza al Ser."[8] Cuando atravesamos la mente racional, alcanzamos un ser mas profundo, un ser que toma posesión de la totalidad de nuestra existencia, cuerpo y alma, y nos lleva al interior de su infinito ser.

Pero aquí las palabras suenan inadecuadas, tambalean y se caen. Estoy usando nombres abstractos como ser, verdad, realidad, infinito y eternidad. Cada uno, a su manera, apunta mas allá de nues-

---
7. Eckhart, *Sermon*, 90.
8. Katha Upanishad 2,23.

tra forma presente de existencia y dirige nuestra mente a aquello que está más allá de la mente. Pero las palabras tienen valor sólo si despiertan esa pequeña chispa de intuición y nos permiten "ver dentro" de la verdad. Es por eso que este conocimiento no puede ser alcanzado por medio del aprendizaje, no puede ser producido. Debemos permitirnos a nosotros mismos ser transformados, convertirnos en "pasivos", pero con una pasividad que sea infinitamente receptiva. Existe un paralelo entre la oscuridad original de la mente, el estado de "profundo sueño", lo que los chinos llaman "el bloque no cavado", en donde todo se encuentra en forma potencial, esperando recibir la luz y este estado final de total receptividad. La diferencia es que la potencialidad de la materia está condicionada; debe atravesar varios estadios de evolución antes de tener capacidad de vida; y la vida a su vez debe atravesar muchas fases evolutivas antes de hacerse consciente; de manera que finalmente la conciencia debe desarrollarse a través de los sentidos, de los sentimientos, de la imaginación, de la razón, antes de que pueda ser totalmente consciente de ese ser que es la fuente de la materia, de la vida y de la conciencia. Pero el germen escondido de la intuición, de la receptividad, estuvo presente desde el principio, y la experiencia mística más elevada es sólo la flor de esta intuición, que estaba escondida en la raíz de la materia.

Es aquí en donde podemos ver el lugar que ocupa el mito dentro de la evolución humana. Un mito es una expresión de la mente intuitiva. Al principio la mente puede estar absorbida casi totalmente en la materia, en el cuerpo. La expresión se dará a partir de movimientos corporales, en rituales y danzas y en el repiquetear de tambores. Pero esto, estará acompañado por sentimientos profundos; un involucrarse emocionalmente en el ritmo de la naturaleza, de la tierra, de las plantas y los animales, del sol, la luna y el cielo, y esto puede ser simbolizado en algún objeto concreto; una piedra, un árbol, el tótem de un animal. Pero aquí ya encontramos un movimiento de la imaginación, de imágenes arquetípicas que surgen en las profundidades del inconsciente, estructurando el universo y otorgándole un sentido. Y por detrás de todo trabaja la intuición; una conciencia de sí, incoherente al principio, pero creciendo con cada contacto con el mundo exterior y construyendo el mito como la expresión de esta totalidad de la experiencia, estructurando el universo alrededor del yo. Esta auto conciencia será al principio no tanto individual como social, y no meramente social sino cósmica, una conciencia del ser en su interdependencia e intercomunión con el misterio cósmico. Uno puede entender, entonces, de qué manera el mito abarca la totalidad de la existencia, dándole al hombre un lugar en el universo y organizando cada aspecto de su vida.

El mito es la fuente de toda religión. Uno puede verlo funcionando dentro de las religiones más avanzadas o de las más primitivas. En la religión griega, uno puede ver más claramente, la evolución del mito. Homero vive aún en un mundo mitológico, y lo maravilloso de su poesía es el despertar de la mente racional al mundo del mito, dándole a éste una expresión imperecedera en un lenguaje que es rico y concreto, que se adentra en las profundidades de la experiencia humana, estructurándola a la luz de la pura inteligencia y otorgándole una gracia y belleza inefables. En Esquilo (*Aechylus*) el mito adquiere un profundo significado moral y religioso y el drama permanece esencialmente como del mundo mitológico. En Sófocles, el mito es aún significativo, pero es el drama humano el que ocupa el centro de la escena. En Eurípides, el "racionalista", como lo llamó Gilbert Murray, el mito ha comenzado a perder su fuerza y el escepticismo a comenzado a ocupar su lugar.

Desde tiempos de Sócrates, el mito fue dando lugar a la razón, sobreviviendo sólo como el fundamento de la poesía, mientras que la ciencia y la razón fueron, gradualmente, ocupando su lugar. Este ha sido un largo proceso, y fue en los últimos doscientos años que la ciencia y la razón han terminado dominando al mundo y han enterrado al mito. No obstante, este es exactamente nuestro problema. El hombre no puede vivir sin el mito; la razón no puede vivir sin la imaginación. Se genera un desierto, por dentro y por fuera. Se convierte en la espada de la destrucción, trayendo muerte a donde quiera que vaya, dividiendo al hombre de la naturaleza, al individuo de la sociedad, a la mujer del hombre y al hombre y la mujer de Dios. Esto es lo que ha logrado el triunfo de la razón; ahora deberemos retroceder y recobrar el mito, retornar a la fuente, redescubrir nuestras raíces, restaurar la totalidad al hombre y a la creación. El mito deberá renacer.

2. EL MITO DE CRISTO

Los dos mitos más poderosos en el mundo de hoy son los del Hinduismo y los del Cristianismo. El Hinduismo vive aún en el mundo del mito. A cada niño hindú se le da el nombre de algún dios o diosa. La gente fluye de a cientos de miles a los templos y a los lugares de peregrinación. Los festivales en honor a los dioses son aún los grandes acontecimientos del año. La Astrología gobierna la vida de las personas y ningún asunto de importancia es encarado sin determinar el tiempo auspicioso. No obstante, al mismo tiempo, la ciencia y la razón tienen cada vez más aceptación en todo el mundo. Toda la educación es una educación secular de acuerdo con los patrones occidentales, y el cine, aunque en algunas ocasiones pueda relatar las historias de grandes mitos, aún desparrama los valores del hombre occidental y es en sí mismo un producto de la tecnología occidental.

¿Cómo podrá sobrevivir el mito? ¿Deberá sucumbir la India a las fuerzas de la civilización occidental? Tal vez sea aquí en donde se decida el futuro del mundo. Porque en el corazón de la mitología hinduista existe una tradición filosófica, una sabiduría espiritual, mucho más profunda que la de los griegos. No hay nada en Homero ni en los trágicos griegos que pueda compararse con la profundidad espiritual de la tradición védica. Mientras que los dioses griegos han desaparecido dentro de la ficción poética, los dioses hindúes han retenido su poder, porque cuentan con un fundamento espiritual profundo. Una serie de reformadores que comienza a principios del siglo pasado con Ram Mohan Roy, y que continúa con Ramakrishna, Vivekananda, Rabindranath Tagore, Sri Aurobindo y Mahatma Gandhi, ha restaurado el hinduismo en todos sus niveles: moral y espiritual, intelectual y poético filosófico y práctico. El hinduismo ha enfrentado el desafío del mundo occidental, y está intentando configurar una síntesis de la ciencia y la filosofía occidental con su propia tradición cultural

Este "renacimiento" hindú es algo profundamente significativo para todo el mundo. Los gurúes y maestros hindúes han llevado su mensaje alrededor del mundo, incluyendo Rusia y otros países ateos, y la India recibe cada año a cientos de jóvenes que vienen a aprender los secretos del yoga y la meditación. ¿Cuál es el secreto de esta sabiduría hindú, cuál es el significado del mito hindú? Existen por supuesto, muchos elementos dentro del mito, como en todos los mitos, que son meramente fantásticos (lo que Coleridge llamó "fantasía" como distinto de imaginación). Existen innumerables historias en los cuentos épicos y en las *puranas* que ningún hindú educado tomaría seriamente. Pero las grandes figuras del mito, tales como Vishnu, Siva y la Gran Madre, Devi, Rama y Krishna, y figuras menores como Ganesh (el dios elefante) y Hanuman (el dios mono), son profundamente significativas. Todos son símbolos de las realidades últimas[9]. Vishnu, el Penetrante, el Poder que sostiene al universo, la fuente de luz, de vida, de conocimiento y de gracia; Siva, el Destructor que lleva a su fin toda existencia terrenal, pero que conduce a la vida más allá de este mundo, el Bailarín Cósmico, que crea y disuelve el universo, el Señor del conocimiento que trasciende este mundo; son figuras de significación universal, perspectivas que se adentran en la naturaleza última de la realidad.

Mientras que Vishnu y Siva pertenecen al mito Cósmico, Rama y Krishna son héroes legendarios; son figuras semi-históricas, vistas como la encarnación del ideal de la humanidad y son la revelación de Dios en el hombre. Son encarnaciones (*avataras*) de Vishnu, manifestaciones del ser infinito, atemporal en el mundo del espacio y del tiempo. Como tales, conjuntamente con sus consortes Sita y Radha, han moldeado el carácter de los hombres y mujeres hindúes a través del tiempo y han sido reconocidos no sólo como modelos de una humanidad ideal sino como dadores de gracia a sus adoradores. Aun Ganesh, el Dios Elefante, trasciende todo simbolismo natural, asignándosele un significado metafísico profundo como símbolo de la unión, no meramente del hombre con el mundo animal, sino del hombre con Dios; mientras que Hanuman, el dios mono, es visto como el perfecto devoto, la encarnación de *bhakti*, del amor devoto. De esta forma, en el hinduismo, se le asigna al mito un significado metafísico y esto, a su tiempo, conduce a

---

9. El estudio más profundo que conozco sobre los dioses hindúes es el de Alain Danielou en *Politeísmo hindú* (*Hindu Polytheism*). Routledge y Kegan Paul, Londres, 1964.

la realidad mística última. Como hemos visto, Brahman, Atman y Purusha, surgiendo del fundamento mitológico de los Vedas, se transforman en símbolos de la última realidad; Ser, conciencia y Bendición (*Saccidananda*), Verdad (*Satyam*), conocimiento (*Jnanam*) e infinito (*Ananta*) pero también ser personal, sabiduría y amor (*Prema*).

A pesar de su sorprendente variedad de dioses y diosas, de castas y sectas, de doctrinas y filosofías, de formas de rezar y meditar, de adoración y devoción, lo que mantiene al hinduismo unido, es últimamente esta experiencia mística que nace en los Vedas, florece en los Upanishads y da frutos en los innumerables santos, sagas y devotos, en la poesía y en la música, en el arte y la filosofía, en la danza y los rituales hasta nuestros días. Por supuesto, este mito hindú, se encuentra constantemente amenazado por las fuerzas destructivas de la civilización occidental y con ello, la experiencia mística sostenida por el mito, se encuentra hoy en peligro.

¿Podrá sobrevivir el mito hindú, podrá renacer, para ofrecerle al hombre moderno esta experiencia mística, por medio de la cual la humanidad alcance su realización? Parecería que el Hinduismo, como cualquier otra religión, deberá atravesar un proceso de "desmitologización". Todo lo que sea fantasioso y no significativo deberá ser removido, y los símbolos antiguos deberán ser interpretados a la luz de la experiencia que el hombre moderno tiene del mundo. Pero esta no puede ser una tarea de la "razón", del aprendizaje o del estudio; deberá generarse a partir de una experiencia mística, en donde sea recobrado el sentido primordial de los símbolos antiguos y su relevancia para el mundo de hoy sea diferenciada. Es este proceso de "desmitologización" y reinterpretación a la luz de una profunda experiencia mística, lo que deberá atravesar cada religión.

¿Qué ocurre con el mito Cristiano? ¿Cómo debería ser interpretado? Hemos visto que el Cristianismo, no menos que el Hinduismo, está basado en una mitología, el mito de la Creación y la Caída, el Paraíso y la Tierra Prometida, el Mesías y su Reino. En el Nuevo Testamento, el mito se cristaliza en la Persona de Cristo, su nacimiento virginal, su muerte y resurrección, su ascensión a los cielos y su retorno de Gloria. Todo este lenguaje es claramente mitológico. Existen historias en todo el mundo, de nacimientos virginales (como el de Buda), de muerte y resurrección (como el de Attis y Osiris), y de ascención a los cielos (como el del faraón dentro de la tradición egipcia). ¿Qué es lo distintivo dentro del mito Cristiano? El mito cristiano deriva de la tradición hebrea, y lo que diferencia a esta tradición es su carácter histórico. El mito hindú es escencialmente un mito cósmico y pertenece a la revelación cósmica. Está basado en una visión cíclica del tiempo. Al igual que en la naturaleza, todo transcurre en círculos, el sol nace y se pone, la luna es creciente y decreciente, a la primavera le sigue el verano, el otoño y el invierno para luego retornar; entonces en el mito hindú, el hombre nace y muere y nace nuevamente; Dios desciende como un *avatar* una y otra vez "cuando la rectitud decrece y lo incorrecto prevalece"[10]; el mundo surge de Brahman y retorna a él con su disolución (*pralaya*), sólo para volver a nacer.

Contraria a esta visión circular del tiempo, la tradición hebrea presenta una visión "lineal". Todo proviene de Dios y se mueve de acuerdo con un plan divino, hacia un "fin", un *eschaton*. Dios se revela a sí mismo no sólo en la naturaleza sino también en la historia, en el destino de un pueblo en particular. Él elige a Abraham y le promete que lo convertirá en un gran pueblo. Él llama a Moisés para que saque a su pueblo de Egipto. Él hace de David el rey y le promete un hijo, que reinará sobre su pueblo para siempre. Este es el contexto del Mito del Cristo. Es lo que puede llamarse un mito histórico, un mito que está enraizado en el tiempo histórico. Rama y Krishna son figuras semi-históricas, pero pertenecen al mundo del tiempo cíclico, del *avatara*, en el cual Dios se manifiesta a sí mismo de tiempo en tiempo. Aun el Buda, que es una persona histórica genuina, es incluido –entre los hindúes– como un *avatara* y para los Budistas Sakyamuni, es uno de los muchos Budas que han aparecido a lo largo de la historia del mundo.

En todo este proceso no hay una finalidad. La totalidad del proceso del mundo, en donde la figura del *avatar* es una elaboración del paso del tiempo, pertenece al mundo de tiempo y cambio que termina. Es *maya*, ni real ni irreal (*ni sat ni astat*), una apariencia de realidad, que no tiene un significado o propósito último. Es como un sueño, que es real mientras dura, pero que desaparece al desper-

---

10. Bhagavad Gita 4,7

tar. Es –de acuerdo con una famosa analogía– como una cuerda que en la oscuridad es confundida con una serpiente; cuando viene la luz, sólo queda la cuerda. Entonces, cuando termine este mundo, todo será disuelto y retornará a su estado original. Sólo permanecerá la realidad Única, eterna, no cambiante, que es Ser, Conocimiento y Bendición (*Saccidananda*), puro Ser en perfecta conciencia de Bendición sin fin. Así está planteado el mito hindú. En contraste con él, el mito hebreo está enraizado en el tiempo. Es la historia de un mundo "creado" por Dios, al que se le ha asignado su propio ser y consistencia. Es la historia de un pueblo que entra en la historia, se establece en una tierra determinada y llega a su culminación a través de una persona histórica y de un hecho histórico.

El hecho de que Jesús de Nazareth fue crucificado "bajo el reinado de Poncio Pilatos" pertenece a la esencia de la fe cristiana, . Esto es guardado celosamente dentro del credo cristiano más antiguo y es un hecho histórico conocido por el historiador romano Tácito. Este marco, dentro de un tiempo histórico concreto, es la escencia de la revelación cristiana.

La religión hindú, por otro lado, tiene muy poco sentido de tiempo histórico. Se la llama *Sanatana Dharma*, la religión eterna. No tiene principio ni fin. Es la religión primordial, la revelación cósmica y universal, sin ninguna clase de ataduras históricas. Por supuesto, el carácter particular de la religión hindú, las formas de sus dioses y diosas, el lenguaje de las escrituras, las estructuras de sus templos y sus ceremonias, la organización de su sociedad; si está determinado por circunstancias históricas. Pero éstas no tienen un significado último. Son las formas y estructuras que pasan, por medio de las cuales se ha manifestado el Divino Misterio; ellas pasarán, pero el Divino Misterio, el eterno *Saccidananda*, que constituye la escencia de la religión hindú, nunca pasará.

¿Cómo podemos reconciliar estos dos "mitos", estas dos "revelaciones": la revelación cósmica del ser infinito y atemporal, manifestándose en este mundo de tiempo y cambio, pero últimamente no afectado por él; con la revelación cristiana, que plantea la acción de Dios en la historia, del Ser único y eterno actuando en el tiempo y en la historia, y trayendo a este mundo de tiempo y cambio a una unión con Él? Este, me parece, es el problema del mundo moderno, de esto depende la unión de Oriente y Occidente y el futuro de la humanidad. Deberemos tratar de ver los valores que existen en cada una de estas revelaciones, para distinguir sus diferencias y descubrir su armonía, yendo mas allá de las diferencias en una experiencia de "no-dualidad", trascendiendo todas las dualidades.

Creo que deberemos comenzar con la experiencia mística que sustenta a ambas tradiciones religiosas: la hinduista y la cristiana. He descripto en la primera parte de este libro cómo entiendo la experiencia mística hindú. Es una experiencia de absoluto Ser, absoluto Conocimiento y absoluta Bendición. Cuando digo "absoluto", quiero significar libre de todas las limitaciones. El Ser, la Realidad (*Sat*) es experimentada como más allá de todas las limitaciones de tiempo y espacio, más allá de la palabra y del pensamiento, es decir más allá de todos los estados físicos y psicológicos del ser. Es total trascendencia, "uno sin un segundo", "ni esto, ni esto". No puede haber dudas sobre la validez de esta experiencia. Aunque nunca podrá ser descripta, está indicada en términos similares por los Budistas, por los Taoístas, por los místicos sufíes, por Platón, por Plotino y por los grandes místicos cristianos. En este nivel no existen diferencias. En cada una de las grandes tradiciones religiosas, esta absoluta trascendencia es vista como la meta, como la respuesta final a todos los cuestionamientos humanos. Pero la pregunta permanece: ¿cuál es la relación que existe entre este mundo (el mundo físico que se presenta ante nuestros sentidos) y el mundo psicológico del pecado humano y del sufrimiento (de lo bueno y lo malo, del conocimiento y la ignorancia, del gozo y la tristeza, del amor y el odio, de la belleza y el espanto, del tiempo y el cambio); con ese estado final del espíritu? Es aquí cuando surgen las diferencias. Bajo la perspectiva hindú, parecería que estas cosas no tienen un valor último. Están todas destinadas a pasar. "El uno permanece, lo mucho cambia y pasa", como escribió Shelley, haciéndose eco de la tradición platónica. Pero dentro de la tradición cristiana cada persona, cada cosa, cada evento en el espacio y en el tiempo, tiene un valor eterno e infinito. En el estado final del ser atemporal, el tiempo no es abolido sino llenado.

Esto se debe a que la experiencia mística cristiana comienza desde una perspectiva diferente. No surge de la contemplación del cosmos y del alma humana, es decir, desde la experiencia humana básica del mundo físico y psicológico, sino a partir de un hecho histórico específico. La experiencia mística cristiana surge de la contemplación de la vida y de la muerte de Jesús de Nazareth. De la misma manera que el mito hindú surgió de la experiencia mística de los videntes vedas y de los santos e historias de la India; el mito cristiano se generó a partir de la experiencia de los discípulos de Jesús en Pentecostés, constantemente renovada en los santos y discípulos de Jesús a través del tiempo. En Pentecostés, los discípulos "fueron llenados con el Espíritu Santo"[11]. Experimentaron una transformación radical. Algo sucedió que transformó a ese grupo débil y sin espiritualidad, en una comunidad de creyentes que se propuso cambiar al mundo. Este "algo" fue una experiencia mística. Fue una apertura más allá del tiempo y el cambio, más allá de la agonía del sufrimiento y la muerte, que ya habían experimentado en la crucifixión, al interior del mundo de la absoluta realidad, que fue sintetizada para los hebreos en el nombre de Dios. Ellos experimentaron a Dios: "ellos fueron conscientes de Brahman", como lo diría un hindú, "conocieron el Ser", el Espíritu, la Verdad eterna que habita en el corazón. Ellos "hablaban en lenguas"[12], interpretando esta verdad eterna en palabras para los hombres. Pero esta palabra o Verdad eterna les llegó a través de Cristo. Fue en Jesús de Nazareth, el hombre a quien habían amado, cuya muerte en la cruz habían presenciado, en quien les fue revelada esta verdad. Esto es lo específico dentro de la experiencia mística cristiana. La realidad absoluta es experimentada como revelada en Cristo, en la vida y muerte de Jesús de Nazareth. No es una experiencia de realidad absoluta revelada en el Cosmos, ni en el ciclo del tiempo en la naturaleza, ni en el ser del hombre –el ser psíquico con su capacidad de auto trascendencia–, sino en una persona histórica y en un hecho histórico.

Al haber señalado esto, hemos demostrado seguramente que estas dos formas de experiencia –la cósmica y psicológica por un lado y la personal e histórica por el otro–, no son opuestas sino comple-

---
11. Hechos 2,4.
12. Hechos 2,4.

mentarias. Existe sólo una Realidad, una Verdad, ya sea que se la conozca a través de la experiencia del cosmos y del alma humana o a través del encuentro con un hecho histórico. Es más, el hecho histórico no puede separarse de su lugar en el cosmos. La historia humana forma parte de la historia cósmica y Jesús como persona histórica, toma su lugar en la evolución de la humanidad. Nuevamente encontramos aquí un hecho histórico que forma parte de nuestra experiencia psicológica; la historia no es meramente una sucesión de acontecimientos, sino una sucesión de acontecimientos interpretados a la luz de la experiencia humana. Aunque la revelación cristiana se centre en una persona histórica y en un hecho histórico, no podemos negar que la historia también ocupa un lugar dentro de la experiencia hindú. Rama y Krishna, pueden no ser totalmente históricos –y su importancia puede no asentarse en el lugar que ocupan dentro del contexto de la historia humana–, pero para los hindúes existe una revelación de Dios en las personas de Rama y Krishna, y los acontecimientos de sus vidas son "reveladores"; despiertan el alma a la experiencia de lo divino, de la absoluta realidad. Lo que es significativo en la vida y muerte de Jesús, es que es visto, en un contexto, no de un tiempo cíclico (el "eterno retorno" de la revelación cósmica), sino en el contexto de la historia de un pueblo en particular, y que llega a un "fin" para "completar la historia"[13]. Es un hecho histórico único que le da sentido a toda la historia humana y le revela su propósito final.

Es importante entonces que podamos ver estas dos "revelaciones" relacionadas una con la otra. El peligro del Hinduismo es que tiende a ver al tiempo y a la historia como un fenómeno que simplemente transcurre sin un significado último. El peligro del Cristianismo es que tiende a asignarle demasiada importancia a los acontecimientos temporales, perdiendo así el sentido de la realidad atemporal. Los hebreos prácticamente no tenían sentido de la realidad atemporal. Toda la Biblia está encuadrada en el contexto de un tiempo histórico, aun la creación es vista como un hecho temporal e inclusive se le asignaba una fecha (alrededor del año 4004 AC). El fin del mundo es visto entonces como un hecho en el tiem-

---

13. Efesios 1,10 (como lo tradujo Ronald Knox), literalmente "como un plan para la realización del tiempo".

po, de la misma manera que el infinito era concebido como una extensión del espacio sin fin. El genio hindú, rompió esta barrera de espacio y tiempo, concibiendo al infinito y a la eternidad como estados del ser más allá del mundo fenomenológico, en donde la realidad es experimentada en pura conciencia sin ninguna clase de limitaciones.

¿Cómo podemos reconciliar estos dos puntos de vista? El Hinduismo seguramente necesita descubrir el valor real del tiempo y de la historia. En el contexto del mundo moderno, cuando la India está despertando a su destino como nación, una filosofía que niegue el valor del progreso y del desarrollo en el tiempo y en la historia, nunca podrá responder a las necesidades de la gente. La liberación no es encontrada en el refugio en los templos y de los lugares sagrados, sino construyendo una nación en justicia y caridad. Por otro lado, los cristianos también deberán aprender que el Reino de Dios no ha de ser encontrado en este mundo, no importando cuán grande sea el trabajo del mundo y la actitud de servicio del hombre de hoy. El Reino de Dios existe más allá de la historia en la realidad atemporal en donde todas las cosas encuentran su realización. Dentro del contexto hebreo, esto fue expresado en términos del comienzo de una "nueva era". La era (el *aion*) de este mundo –se declaró– ha finalizado, y ha comenzado una nueva era[14]. Esta fue la era que habían esperado los profetas, el Día del Señor, cuando Dios intervendría y pondría fin a este mundo malvado e instauraría el Reino de Dios. Fue la experiencia de los discípulos de Cristo en Pentecostés lo que generó esta creencia. Pentecostés fue una experiencia de "Dios", es decir de la realidad absoluta, pero esta experiencia tuvo que ser inevitablemente expresada en los términos de la mitología del Antiguo Testamento. Como hemos visto, el mito es el lenguaje de la perspectiva imaginativa de la realidad última. De ninguna otra manera podían expresarse los discípulos de Cristo, sino en los términos del Antiguo Testamento: el mito que había delineado sus mentes y su actitud frente a la vida.

---

14. cf. C.H. Dodd, *La Predicación Apostólica y su Evolución* (*The Apostolic Preaching and its Development*). Hodder y Stoughton, Londres 1936. Aún hoy es el trabajo más autorizado de su clase que conozco.

15. Hechos 2,21 citando al profeta Joel.

Entonces, la primera forma en que se expresaron fue decir que el "Día del Señor" había llegado, "el gran día manifiesto"[15], que pondría fin a este mundo presente e inauguraría una nueva era. La señal de estos acontecimientos por venir, sería el fluir del Espíritu. El Espíritu (*ruah*) en la tradición hebrea, es el poder de Dios, el poder por medio del cual Dios crea el mundo y lo sostiene a través de su presencia inmanente. "El Espíritu del Señor ha llenado el mundo."[16] Pero al final de los tiempos, este espíritu debería ser derramado sobre toda carne. El signo de los "últimos días" se manifestaría cuando el hombre y la creación fueran transformados por este poder del Espíritu, y eso fue lo que se creyó que ocurrió en Pentecostés. El pasaje de este mundo al otro mundo tuvo lugar por la transformación de la conciencia humana a través del poder del Espíritu. Pero esta transformación y este fluir del Espíritu eran vistos como viniendo a través de la muerte de Jesús en la Cruz. Él había atravesado la muerte y había sido elevado a la vida de Dios. Esto fue expresado al decir que "este Jesús que ustedes crucifican, Dios lo ha hecho Señor y Cristo"[17]. El expresar que Jesús era el "Cristo", es decir el "Mesías", implicaba que en Él se habían cumplido todas las expectativas de Israel y que el Reino prometido a David, había llegado. Al decir que Jesús era el "Señor", se significaba que Jesús había sido puesto en un pie de igualdad con Dios. El "Señor" era el nombre asignado a Dios en el Antiguo Testamento, y la relación de Jesús con Dios fue expresada en términos mitológicos como sentado "a la derecha de Dios".

Este fue el lenguaje por medio del cual se expresó la experiencia cristiana por primera vez. Luego se le agregaron otros términos. Jesús era el "Hijo de Dios", de quien se decía en el Salmo: "Tú eres mi Hijo, este día yo te he engendrado"[18]. También era el Hijo del Hombre, de quien se decía en el libro de Daniel: "Vi a alguien como el hijo del hombre bajando de las nubes del cielo, y a él se le dio el dominio, la gloria y un reino, de manera que todos los pueblos, las naciones y las lenguas lo sirvan."[19] Más adelante fue visto como

---

16. Sabiduría de Salomón 1,7.
17. Hechos 2,37.
18. Salmos 2,7.
19. Daniel 7,13.
20. cf. Deuteronomio 18,13.

el gran profeta que debía venir al mundo y hablar en el nombre de Dios[20]. También se lo consideró el gran Sacerdote, el Mediador entre Dios y el Hombre[21]. Finalmente fue visto como la Palabra de Dios[22], la expresión de la mente de Dios, la auto revelación del absoluto. De esta manera el mito cristiano se fue construyendo gradualmente: una revelación de la Verdad Suprema en lenguaje simbólico, que surge a partir de la experiencia de los discípulos de Jesús luego de Pentecostés, cuando, a la luz del Espíritu y a través de sus conciencias transformadas, se dieron cuenta qué y quién era verdaderamente este Jesús que ellos habían conocido. Esta permanece como la experiencia cristiana esencial, la experiencia de la realidad absoluta, de la absoluta verdad y la absoluta bendición, (en términos hindúes *Saccidananda*), en y a través de la persona de Jesús de Nazareth y de su muerte en la cruz.

Esto fue interpretado en términos de "Resurrección". Se multiplicaron historias que sostenían que su tumba había sido encontrada vacía y que se había aparecido a sus apóstoles luego de su muerte. ¿Cómo debemos interpretar estas historias? No tendría sentido tomarlas simplemente como hechos históricos. Son datos de una experiencia, de una experiencia psicológica y mística. Lo esencial de esta experiencia es que se refería a una experiencia de Dios. Dios, la realidad absoluta, se había manifestado en Jesús. Él era el Señor, el Hijo de Dios, la Palabra de Dios, en quien se había revelado el último significado y propósito de la existencia humana. No obstante, la tumba vacía y sus apariciones después de su muerte ocupaban un lugar. Hemos visto que para el mundo antiguo, y en forma creciente para el mundo moderno, el universo tiene tres niveles de realidad: el físico, el psicológico y el espiritual. Estos tres "mundos" forman un todo interdependiente. El mundo físico no puede separarse del mundo del Espíritu, la realidad última. La Resurrección de Jesús es un signo de esta realidad integral. Su cuerpo físico no se desintegró, sino que se reunió con su alma, su psiquis. El cuerpo y el alma no "desaparecieron" sino que fueron transfigurados por el Espíritu que habitaba en ellos. Esto revela el destino último del hombre. El alma

---

21. Hebreos 8,1.
22. Juan 1,1.

y el cuerpo no están destinados a "desaparecer" en el estado final del ser. El cuerpo físico, y con él todo el universo orgánico –el campo de energías– al cual pertenece, están destinados a ser totalmente transformados por la conciencia, abandonando su estado de división actual. La conciencia humana a su turno, está destinada a ser transformada por la conciencia divina, dejando ya de estar sujeta al espacio y al tiempo, sino integrada en la conciencia eterna e infinita de la realidad última. La Resurrección de Jesús es un signo de esta transformación. Su cuerpo no fue encontrado en la tumba. Se apareció a sus discípulos luego de su muerte en su forma propia, revelando la continuidad de su conciencia humana. Pero su cuerpo ya no estaba sujeto a las leyes de la materia y su conciencia humana había sido ya transformada por la conciencia divina.

Este principio nos permite comprender el Nacimiento Virginal y los milagros de Jesús, que han causado tantas dificultades a aquellos que han crecido dentro de la tradición científica de Occidente. Mientras que la materia sea imaginada como algo separado de la mente, una "sustancia extendida" con su propias y necesarias leyes, los milagros serán descartados totalmente o explicados como actos arbitrarios de un Dios trascendente. Pero una vez que se comprenda que la mente y la materia son interdependientes, que el universo es una unidad psicosomática, entonces ya no existirán problemas de interpretación. La evolución del mundo será vista como la progresiva penetración de la conciencia en la materia: en estado latente en el mundo inorgánico, comenzando a manifestarse en las plantas y en los animales y completamente manifiesta en el hombre. La posterior evolución humana será vista entonces como el crecimiento de la conciencia consciente y el consecuente control consciente. Desde los chamanes de la tradición indígena americana, pasando por las diversas formas de magia en Egipto y China hasta los *siddhis* dentro de la tradición hindú, existe una continua evidencia de la existencia de estos poderes "sobrenaturales"; es decir, el control consciente sobre el cuerpo y el mundo natural por parte de los seres humanos. En Jesús, como en muchos de los santos de todas las religiones, estos poderes se manifestaron claramente; poder sobre la enfermedad y sobre los "espíritus malvados" –es decir los poderes demoníacos–, poder sobre la naturaleza como en la multiplicación de los panes y en la transformación del agua en vino. Dichos poderes no son de ninguna manera inusuales y no son necesariamente de orden espiritual. Son más bien poderes "psíquicos", poderes de la psiquis humana ya sea innatos o desarrollados a partir de varias técnicas. En Jesús, por supuesto, como en otros líderes religiosos, estos poderes vinieron bajo el control del Espíritu y eran manifestaciones del Espíritu divino en el hombre.

De esta manera, no es difícil entender el Nacimiento Virginal. El Nacimiento Virginal es una concepción mitológica muy antigua que parecería indicar una urgencia básica de la naturaleza humana de trascender el presente nivel de sexualidad. La sexualidad es parte de nuestra herencia de los animales, y dentro de la naturaleza humana existe una urgencia instintiva de trascender el nivel físico de sexualidad y llevarlo a cabo en un nivel psicológico y espiritual más profundo. Últimamente, la sexualidad es la energía del amor en la naturaleza humana, y esto nunca puede satisfacerse completamente ni en el nivel físico ni en el psicológico; sino que siempre busca completarse en lo profundo del espíritu, en donde se encuentra la fuente del amor. En un sentido, toda la creación puede ser concebida como un "matrimonio" entre materia y mente, naturaleza y espíritu, *Prakriti* y *Purusha* –en términos hindúes– y todo matrimonio humano es un reflejo de esta unión cósmica. Dentro de la tradición bíblica, el pueblo de Israel era visto como la "novia" de Yavé y el punto culminante de la historia de Israel debía ser el "matrimonio" de Israel, el pueblo de Dios, con Dios. En la famosa profecía de Isaías, en que se dice "la virgen estará con el niño"[23], se sugiere que la joven mujer, el *alma*, que iba a ser la madre del Mesías, es en realidad la Virgen de Israel, la representante de la mujer ante Dios, en la cual se completa la totalidad del destino humano. En ella, la evolución del cuerpo y del alma alcanzarían un punto en que tendría lugar la transformación de la sexualidad por el poder del Espíritu que la habitaba, y el matrimonio entre Dios y el hombre podría finalmente ser consumado. Dicha transformación de la sexualidad es el destino final de todos los hombres y mujeres; momento en que el Espíritu finalmente toma posesión de la naturale-

---

23. Isaías 7,14.

za humana y la transfigura. El Nacimiento Virginal de Jesús es entonces el signo histórico de este misterio universal cósmico.

Podemos hablar entonces del Nacimiento Virginal de Jesús y de su Resurrección, como una historia mítica. Son mitos o revelaciones del misterio último de la existencia, que se encuentran enraizados en una tradición histórica única y centrados en un hecho histórico único. ¿Cómo, entonces deberemos entender la "divinidad" de Jesús? Que Jesús era un hombre es básico dentro de una comprensión cristiana de la vida. Jesús se ubica dentro de una tradición histórica claramente definida, y sabemos tanto de Él, como lo que sabemos por ejemplo de Sócrates. Pero al mismo tiempo, sus discípulos terminaron reconociéndolo como el "Hijo de Dios". El lenguaje es, por supuesto, mitológico, pero expresa claramente la idea de igualdad con Dios. Pero para los judíos, esto presentaba un serio problema. Ellos estaban convencidos de que había un solo Dios. La religión de Israel se fundamentó en esta creencia. ¿Era posible entonces, hablar de Jesús como Dios? El Nuevo Testamento en su totalidad, se niega a hacerlo. Habla de Él como "hijo" de Dios, "imagen" de Dios, "palabra" de Dios, pero todos estos términos implican de alguna manera, igualdad con Dios. La respuesta a este problema se encontró eventualmente en el concepto de "relación". Hijo, imagen, palabra, todos estos términos implican "relación", y cuando los discípulos de Jesús reflexionaron sobre este punto, vieron que decir que Jesús era Hijo de Dios, implicaba que Él se ubicaba en una relación única con Dios, como un hijo hacia su padre. Aunque existe claramente un sentido en que todos los hombres son hijos de Dios, el hombre es creado "a imagen y semejanza" de Dios; es creado para "compartir su naturaleza divina". Lo que se reveló en Jesús fue, entonces, el destino de todos los hombres. Él es el modelo en quien se ve completado el destino del hombre. Desde el principio de la creación, el hombre fue llamado a completar su destino: convertirse en hijo de Dios; pero en cada hombre existe algún tipo de pecado, algún defecto, que hace imposible completar este destino. En Jesús se encontró a un hombre, totalmente hombre centrado en la historia, a un judío de la Palestina del siglo I, en el que no había defecto; el cuerpo y el alma estaban tan perfectamente bajo el control del Espíritu que los habitaba, que se convirtieron en sus instrumentos, respondiendo totalmente a su impulso. En Jesús, el Espíritu no estaba limitado por un cuerpo y un alma defectuosos, sino que podía actuar libremente, expresando el deseo de su Padre en todo momento, rindiéndose a Su voluntad hasta el punto de morir en la Cruz, y, en la Resurrección, tomando completa posesión de cuerpo y alma, de manera de transfigurarlos por su poder.

Jesús por lo tanto era un hombre, en quien el cuerpo y el alma eran puros instrumentos del Espíritu que los habitaba. En Él, se ha completado el destino del hombre. Pero esto inevitablemente tiene un efecto en todo el cosmos. El universo es una unidad psicosomática, una escala de tiempo y espacio, en la cual cada parte depende de cada otra como un todo integrado. Mientras que en el universo, como lo conocemos, existe conflicto en todos los niveles, y el cuerpo y el alma están en conflicto el uno con el otro; en Jesús, este conflicto ha sido vencido: el cuerpo y el alma han sido restaurados en su unidad con el Espíritu y un poder de unificación ha sido liberado en el mundo. En este sentido podemos decir que la muerte de Jesús, el sometimiento voluntario de su vida en la Cruz a su Padre, fue un hecho cósmico. Cada acontecimiento en el tiempo y en la historia afecta en alguna medida a toda la creación, ya que todos los elementos del mundo son interdependientes. Pero ciertos hechos, –el surgimiento de la vida en este planeta, el despertar de la conciencia en el hombre–, marcan etapas críticas en la evolución del mundo. La muerte de Jesús fue un hecho de esta categoría. Marcó el punto de trascendencia desde la conciencia humana hacia la divina; el punto en donde el ser humano se rindió totalmente –cuerpo y alma–, al divino ser. En este sentido, la muerte de Jesús puede denominarse un "sacrificio de redención"; es un ofrecimiento de la naturaleza humana a la divina, que es la que "redime", es decir, restaura la naturaleza a su unidad con la naturaleza divina. La Resurrección, la trascendencia de Jesús de la muerte en cuerpo y alma, es el signo histórico de esta redención cósmica, el signo de que no sólo el alma, el ser psíquico, sino también el cuerpo, la creación física, han sido liberados de esta esclavitud presente y se han transformado en una "nueva creación".

Pero ¿qué significa esto en relación a la psicología de Jesús? Como hombre, Jesús tenía un organismo físico con todos las características de su herencia, como judío, de su madre, y su cuerpo estaba sujeto a todos los efectos normales de la naturaleza. Él debía madurar y crecer, como lo detalla el Evangelio de San Lucas: "Jesús el niño crecía en estatura y sabiduría"[24]. Estaba sujeto al dolor y al estrés, aun hasta el punto de transpirar sangre.[25] También su alma, su organismo psíquico, era el de un judío de su época. Tenía que aprender la lengua de su madre, leer y meditar las Sagradas Escrituras para poder descubrir su vocación. Existen numerosas razones para pensar que fue sólo gradualmente que tomó conciencia de su llamado como Mesías y de que este hecho lo llevaría a la muerte en la Cruz. En el momento de su muerte experimentó en su alma la trágica sensación de separación de Dios, cuando gritó: "Mi Dios, mi Dios, ¿por qué me has abandonado?"[26]

Pero por detrás de toda esta experiencia humana de cuerpo y alma, existía también el conocimiento intuitivo del espíritu. En las profundidades de su ser, como cualquier ser humano, Él estaba presente para sí mismo, era consciente de sí mismo, en contacto con el fundamento eterno de su ser. En casi toda la gente, esta conciencia intuitiva es incoherente o imperfecta, pero en los grandes profetas y místicos, en los visionarios como Gautama Buddha o en los videntes de los Upanishads, este conocimiento intuitivo de la raíz del ser, se transforma en pura intuición, en una total conciencia. Esa era la naturaleza del conocimiento de Jesús, de acuerdo con la tradición del Evangelio de San Juan (que en su origen es ahora considerado tan antiguo como los otros)[27]. Jesús se conocía a sí mismo desde lo profundo de su espíritu, y era uno con el fundamento eterno de su ser, del cual hablaba llamándolo "Padre". Él se sabía ubicado en una relación de total dependencia con el Padre y de total

---

24. Lucas 2,52.
25. Lucas 22,44.
26. Marcos 15,34, Mateo 27,46.
27. cf. C.H. Dodd en *La interpretación del cuarto Evangelio (The interpretation of the fourth Gospel)*. Cambridge University Press, 1953. Y *Tradición en el cuarto Evangelio (Tradition in the Fourth Gospel)*. Igualmente Raymond Brown en su comentario del Evangelio de San Juan en la Biblia del Ancla *(Anchor Bible)*. Chapman and Hall, 1971.

sometimiento a Él. Se conocía a sí mismo expresando la mente y el deseo del Padre y cumplimentando su propósito para el mundo. Es esto lo que se quiere significar cuando se llama a sí mismo, Hijo. Al mismo tiempo, Él se sabía "ungido" con el Espíritu Santo, el espíritu que está presente en toda la creación y en toda la humanidad, pero que en Él se hacía presente como un "espíritu de santidad", la presencia de Dios en su propio ser escencial (que es lo que significa "santidad"), comunicándose a sí mismo en el amor. Es a partir de esta experiencia de Jesús en el Espíritu –tal como fue revelada por su percepción intuitiva, al apóstol Juan– que evolucionó la doctrina de la Trinidad.

La doctrina de la Trinidad fue desarrollada por los Padres Griegos, a partir del Evangelio de San Juan, utilizando el lenguaje del pensamiento conceptual griego, en términos de escencia y naturaleza y de persona y relación, y esta ha sido la forma normal de la doctrina cristiana tradicional. Pero es posible que esta misma experiencia pudiera ser interpretada en otros términos, elaborados desde una tradición diferente. En el Hinduismo, la experiencia de Dios fue expresada, como hemos visto, en términos de *Brahman*, *Atman* y *Purusha*. ¿No sería posible interpretar la experiencia de Jesús a la luz de la comprensión hindú de la última realidad? Podríamos entonces hablar de Dios como *Saccidananda* –Ser, Conocimiento, Bendición– y ver en el Padre, *sat*, Ser, al absoluto y eterno "Yo Soy", el fundamento del Ser, la fuente de todo. Podríamos luego hablar del Hijo, como el *cit*, el conocimiento del Padre, la Auto Conciencia del Ser Eterno, la presencia para sí mismo en pura conciencia del Uno infinito; el Ser reflejado en sí mismo, conociéndose a sí mismo, expresándose a sí mismo en una Palabra eterna. Podríamos luego hablar del Padre como *nirguna Brahman*, Brahman "sin atributos", el abismo infinito del ser más allá de la palabra y del pensamiento. El Hijo sería entonces *Saguna Brahman*, Brahman "con atributos" como Creador, Señor, Salvador, la auto manifestación del Dios no manifiesto, el aspecto personal de la Divinidad, el *Purusha*. Él es esa "suprema persona" (*Purushottaman*) del Bhaga-

---

28. cf. Hechos 4,26-7.
29. Bhagavad Gita 10,3.

vad Gita, el "Gran Señor del mundo, no nacido y sin principio ni fin"[29], el "Supremo Brahman, la Suprema Pureza, la suprema morada, la eterna y divina Persona (*purusha*), el Dios primigéneo (*adideva*), el no nacido, el omnipresente (*vibhum*)."[30]

Finalmente, podríamos hablar del espíritu como *Ananda*, la Bendición o Dicha de la Divinidad, el surgimiento del Ser superabundante y de la conciencia de lo eterno, el Amor que une al Padre y al Hijo en el Ser no-dual del Espíritu. Este espíritu es también *Atman*, la Respiración o Alito (*pneuman*) de Dios que está en toda la creación y que da vida a toda cosa viviente, y que en el hombre se hace consciente y crece a medida que crece la conciencia, hasta transformarse en sabiduría intuitiva pura. El *Atman* es el espíritu de Dios en el hombre, cuando el espíritu humano se encuentra totalmente penetrado por el espíritu divino y alcanza la pura conciencia. Es Bendición consciente, conciencia llena de gozo, con el deleite del Ser. Este fue el espíritu que llenó el alma de Jesús, otorgándole perfecta conciencia de su relación como Hijo en el fundamento eterno del ser en la Divinidad.

La experiencia hindú también nos puede ayudar a sacar a la luz otro aspecto de la divinidad: el concepto de Dios como Madre. La tradición hebrea fue patriarcal y el Cristianismo ha mantenido sólo un concepto masculino de Dios. El Padre y el Hijo son masculinos desde sus propios nombres, y aun al Espíritu, que en griego es neutro, se le ha asignado un carácter masculino. Pero la tradición hebrea también preserva una palabra para "espíritu" (*ruah*) que es femenina, y este género femenino ha sido preservado dentro de la Iglesia Siria, y por lo tanto, ellos pueden referirse al Espíritu Santo como Madre. En el Antiguo Testamento también existe la hermosa figura de la Sabiduría (*hocmah*) que también es femenina. Aquí entonces podemos encontrar un verdadero aspecto femenino de Dios, cuando se dice: "Ella es el aliento del poder de Dios y una emanación pura de la gloria del Altísimo", y sigue: "ella es el reflejo de la luz eterna y un espejo sin mancha del trabajo de Dios... aunque ella es sólo una, puede hacer todas las cosas y, aunque permaneciendo en

---

30. Bhagavad Gita 10:11.
31. Sabiduría de Salomón 7:26-7.

sí misma, renueva todas las cosas"[31]. En este sentido podemos hablar de Dios como Madre sin ser menos que Padre, y aun el Hijo, como la Palabra de Dios, puede ser llamado la Hija de Dios, como cuando se dice: "Provengo de la boca del Más alto"[32].

Pero es en el Espíritu Santo donde puede verse con más claridad el aspecto femenino de la divinidad. Ella es *Sakti*, el poder, inmanente en toda la creación, el poder *receptivo* de la Divinidad. El mundo surge a partir del Padre (el fundamento eterno del Ser), en su Palabra, la Persona Cósmica (*purusha*). En Él, se esconden todas las ideas o arquetipos de todos los seres creados; Él es el modelo de toda la creación. Aunque es el Espíritu que concibe estas "ideas" en su vientre maternal y las trae a la vida dentro de la creación. Ella es la Gran Madre (la *Devi*) que nutre las semillas de todos los seres y los hace crecer. Mas aún, ella (María dentro de la tradición cristiana) es el Espíritu Maternal en el hombre, que recibe la Palabra, la Sabiduría de Dios en su corazón, recibiendo la palabra de Dios en su corazón y trayéndolo a la vida en su manifestación terrenal. Aun en el pecho de la misma divinidad, el Espíritu es el eterno femenino, quien por un lado recibe la Palabra de Dios que viene del Padre y por la otra es la Novia del Hijo, a través del cual es concebida y creada la creación.

3. EL MITO DE LA IGLESIA

Dentro de la tradición cristiana la figura de la Madre se encuentra en la Iglesia. En un escrito cristiano temprano, *El pastor de Hermas*, la Iglesia aparece bajo la forma de una mujer anciana. Cuando se le pregunta por qué aparece como una mujer anciana la respuesta es: "Porque ella fue creada en primer lugar. Es por eso que ella es vieja y gracias a ella fue creado el mundo."[33] Es necesario ver a la Iglesia bajo este aspecto cósmico. La Iglesia, como una institución histórica, tiene un origen muy reciente y ocupa una muy pequeña parte del mundo. Pero la Iglesia en sí, es la Madre eterna;

---

32. Sirach 24:3.
33. *Shepherd of Hermas* 2:24.

ella es el aspecto creado del Espíritu no creado. "Gracias a ella fue hecho el mundo." El mundo, en un sentido real, es la "realización" de Dios. Él, que es infinito, ser incambiable en sí mismo, se revela y se expresa a sí mismo, en la infinita y cambiante naturaleza del mundo. La Palabra eterna, por medio de la cual existen eternamente los "arquetipos" de todos los seres creados, se manifiesta a sí misma en el tiempo. Toda la creación, desde el átomo más pequeño a la estrella más lejana, es una manifestación –en el espacio y en el tiempo, en la multiplicidad y el cambio–, de ese Uno incambiable. El Espíritu, inmanente en la naturaleza desde el principio, recibe estas "semillas de la palabra" dentro de su vientre y las conduce a la vida en la creación. Desde el mismo comienzo de la materia, atravesando todos los estadios de la evolución, el crecimiento orgánico y la conciencia; el Espíritu estructura estas formas, moldeándolas por su poder inmanente.

En el hombre, este Espíritu funciona organizando la química que constituye su cuerpo, formando las células, desarrollando los nervios, los músculos y las glándulas, estructurando los órganos del tacto y del gusto, del olfato, de la vista y del oído; y finalmente trayendo a este complejo organismo a la conciencia, a través de la compleja estructura cerebral. Con la conciencia, la Naturaleza, la Madre, despierta a una nueva forma de ser y comienza a descubrir, a ser consciente de su significado y de su destino. El Espíritu ha trabajado en la naturaleza durante millones de años, respondiendo a la acción de la Palabra, la Persona Cósmica, el *Purusha*, que se une con su novia, (su *Sakti*), para traer el mundo a la vida. A medida que la conciencia crece en el hombre, la Naturaleza se hace consciente de este poder inmanente dentro de ella y nace la Iglesia.

La Iglesia es el Hombre, consciente de su destino como hijo de Dios. Bajo la perspectiva bíblica, Adán es el Hombre, creado a imagen y semejanza de Dios, y llamado a ser hijo de Dios. Cuando Adán peca, fracasa en su vocación; fracasa en responder al Espíritu, y retrocede a su limitada naturaleza enmarcada en el tiempo. Se detiene entonces, ese movimiento de evolución ascendente de la materia que se continúa a través de la vida y la conciencia hasta alcanzar la vida eterna en el Espíritu. Pero al mismo tiempo comienza el misterio de la redención. Un nuevo poder del Espíritu, el *Sakti*, entra en la creación y comienza a arrastrar de vuelta al hombre a la vida del Espíritu. Este es el comienzo de la Iglesia, la humanidad "sacada del pecado" por el poder del Espíritu, respondiendo a la Palabra de Dios. En este sentido, la Iglesia está presente en la humanidad desde el comienzo de la historia. En cualquier momento en que el hombre despierte a la conciencia y se conozca a sí mismo a partir de la conciencia intuitiva básica, abierto al misterio trascendente de la existencia, el poder del Espíritu está en él, arrastrándolo a la vida eterna. La presencia del Espíritu en este sentido, puede ser detectada en todas las religiones del género humano. En todas partes, en rituales y sacrificios, en doctrinas y sacramentos, en oraciones y adoración, existe una presencia del Espíritu dirigiendo al hombre hacia Dios, una respuesta a la Palabra de Dios que busca unir al género humano consigo mismo; en otras palabras una presencia de la Iglesia. Necesitamos recobrar esta comprensión de la Iglesia Universal, la Iglesia que fue "creada en primer lugar... y gracias a la cual fue creado el mundo".

No es solamente la humanidad toda, sino también la creación, constituyen el cuerpo de la Iglesia. La materia fue creada desde el principio, con una innata tendencia hacia la vida y la conciencia. La conciencia humana fue creada desde el principio, con una tendencia innata hacia la final y perfecta conciencia del Espíritu. Ese mismo Espíritu estaba presente desde el principio, en la materia, en la vida y en el hombre, arrastrándolo hacia Él. En Jesús, este movimiento de la materia y de la conciencia hacia la vida del Espíritu, llega a su culminación. En Él, la divina conciencia tomó posesión de la conciencia humana, y tanto al cuerpo como al alma, la materia y la conciencia fueron transformados. En Él se consumó el matrimonio de Dios y el Hombre, de la Naturaleza y el Espíritu, de *Purusha* y *Prakriti*.

Pero esta consumación de la unión de Dios con el hombre en Jesús, afecta necesariamente a toda la creación. Esta fue la consumación por la cual toda la creación había estado "gimiendo con afán" desde el principio, como dice San Pablo. Toda la creación es una unidad orgánica de la misma forma que el Hombre es una unidad orgánica. En la Resurrección, Jesús se convierte en la "cabeza" de este todo Cósmico, y toda la creación se transforma en su

Cuerpo, y este Cuerpo de la creación, redimido de las fuerzas del pecado y de la división, es lo que constituye la Iglesia. "Él ha puesto todas las cosas bajo sus pies –dice San Pablo– "y fue instituido como la cabeza suprema de la Iglesia, que es su cuerpo, la Plenitud del que lo llena todo en todo"[34]. La Iglesia es la *Pleroma*, la totalidad, la consumación de todas las cosas, el término de todo el proceso evolutivo. El divino *Purusha* ha tomado posesión de *Prakriti* (la Naturaleza) y la ha llenado con su presencia. En otras palabras, la Naturaleza ha sido totalmente penetrada por la conciencia y el Hombre y la Naturaleza se han hecho uno con el Espíritu eterno. La Resurrección revela entonces el plan de toda la creación. Lo que fue llevado a cabo en Jesús a través del sacrificio de su muerte y de su renacimiento a la vida eterna, es lo que le está destinado a ocurrir a todos los hombres en toda la creación. Todos somos miembros de esta humanidad caída y redimida; cada uno de nosotros, cargando en sí mismo las marcas de la Caída, del pecado, del sufrimiento y la muerte, está llamado a ir más allá del pecado del sufrimiento y la muerte hacia una nueva vida en la Resurrección. "El primer Adán –se dice– era un alma viviente, el segundo Adán se convirtió en un espíritu dador de vida."[35] "La Palabra se hizo carne"[36], el Espíritu divino entró en las profundidades de la materia, de la vida y de la conciencia, en las profundidades del pecado y del sufrimiento humano, y elevó a este mundo caído a una nueva vida y una nueva conciencia en sí mismo. De esta forma la Iglesia está presente en toda la creación y en toda la humanidad; es la "materialización" de Dios, la manifestación del Ser eterno e infinito en el curso del tiempo, del cambio y la historia; no simplemente como una presencia estática, sino como un poder dinámico, que cambia el curso de la historia y transforma el mundo.

Porque al mismo tiempo que la Iglesia posee esta dimensión cósmica, este carácter universal, es también una institución histórica. Esto se condice con la tradición bíblica, la cual, mientras apunta a la consumación de la creación y del hombre, también percibe este gran Mito enraizado en el tiempo y en un lugar histórico.

---

34. Efesios 1,22-3.
35. 1 Corintios 15,45.
36. Juan 1,14.

Jesús, que es el Señor Cósmico y el Salvador Universal, también es el hombre que fue "crucificado bajo el reinado de Poncio Pilatos". Por lo tanto, también la Iglesia, que es la consumación del mundo y de la historia, tiene su comienzo en el tiempo. Mientras que la Biblia imagina al plan de Dios extendido a toda la humanidad –desde el primer al segundo Adan–, también lo ve funcionando dentro de la historia de un pueblo en particular y que llega a su culminación dentro de un tiempo particular. Jesús viene a anunciar la venida del Reino de Dios: "El Reino de Dios ha llegado"[37], y prepara para ello un grupo de discípulos a quienes les es confiado este "misterio" del Reino de Dios. Ellos están destinados a ser el núcleo del "pueblo de Dios", –la nueva humanidad–, que nace a través de la muerte y resurrección de Cristo. En Pentecostés, comienza a existir esta nueva humanidad: el Espíritu desciende y transforma a los discípulos por su presencia y su poder. Comienza una nueva era en la cual este poder del Espíritu se desparrama por el mundo y la humanidad se reúne finalmente en torno al Reino de Dios. Esa es la misión de la iglesia primitiva; ser el testigo, o más bien la encarnación del poder del Espíritu, actuando como la levadura en la creación, trayéndola a su realización en el Reino de Dios.

Pero una vez que la Iglesia entra en el mundo, se encuentra sujeta a todas las vicisitudes de tiempo y cambio. Este es el riesgo que enfrenta toda religión. El espíritu que inspiró la religión –que es la presencia del mismo Dios–, se ve ensombrecido por los pecados y la fragilidad humana. Cuando observamos a las Iglesias Cristianas de hoy y recordamos sus historias, aparecen más bien como un recuento de los pecados humanos que impregnadas de la gracia divina. Si observamos más profundamente, veremos que el Espíritu de Dios está siempre presente, cambiando la vida de los pueblos, llevándolos al amor y al servicio, y a menudo provocando cambios radicales en la sociedad, inspirando a las personas con ideales de sacrificio, con visiones de la verdad y con el fuego de la experiencia mística. Pero es demasiado evidente el otro aspecto, no solamente el del pecado, sino las limitaciones humanas, la ceguera cultural y por sobre todo la estrechez mental y el fanatismo. Si el Mito de la

---

37. Marcos 1,15.

Iglesia ha de ser revivido hoy, deberá encontrar nuevas formas de expresión. Debe descubrir su significado universal, su relación con todas las otras tradiciones religiosas de la raza humana y su relevancia para el mundo en el que vivimos. Este renacimiento del Mito de la Iglesia está teniendo lugar hoy, aunque todavía queda un largo trecho por andar. Por sobre todo, deberemos descubrir la fuente de todas esas deformaciones que han afectado a todas las iglesias, y las han llevado a la actual situación de división y confrontación.

Primero deberemos considerar las limitaciones culturales del Cristianismo. Fue el resultado de la cultura Semítica que tenía un horizonte muy estrecho. Israel se desarrolló dentro del estrecho mundo del Medio Oriente, limitando con Egipto por un lado y Babilonia por el otro. Posteriormente fue enriquecido por influencias de pueblos vecinos como Persia y Grecia; pero su visión, aunque profunda, permaneció muy limitada. Desconocía las culturas de la India, China y del resto del mundo, e imaginaba que todos aquellos que estuvieran fuera de los límites de Israel, no tenían conocimiento de Dios; de la misma manera que los griegos imaginaban que los que no pertenecían a Grecia, eran "bárbaros". Por otro lado, su visión de la historia estaba temporalmente limitada ya que no se extendía más allá del año 5000 AC, e imaginaban estar viviendo la "última era" del mundo.

Fue dentro de este ambiente y con estas limitaciones que la Iglesia Cristiana apareció dentro del mundo grecoromano. Los griegos aportaron su genio filosófico y los romanos su capacidad para estructurar la ley; y la teología y la organización de la Iglesia se edificaron sobre estos dos pilares. Esto ciertamente le dio a la Iglesia una profunda teología y una poderosa organización, pero también le trajo graves limitaciones. La filosofía griega era escencialmente racional, y aunque Platón le aportó las introspecciones de la sabiduría intuitiva, la influencia grecoromana se sintió cada vez más en el desarrollo de su pensamiento lógico racional y en su sistema científico, característicos del hombre occidental. La Iglesia entonces fue dominada por ese sistema de pensamiento racional, que es hoy la causa del desequilibrio del mundo occidental, aunque la perspectiva imaginativa y la sabiduría intuitiva de la tradición bíblica, nunca se ha perdido totalmente. En consecuencia, la Iglesia se obsesionó con la necesidad de construir fórmulas lógicas y sistemas racionales para expresar su fe. Cuando estas fórmulas o "dogmas" fueron reforzadas por el sistema legal de Roma, nació la Inquisición, y a partir de ella, se intentó imponer este sistema doctrinal por la fuerza. La Reforma fue una revuelta en contra de este sistema legal racional que buscaba liberar a la Iglesia por medio de un retorno a la Biblia, pero nuevamente la mente occidental introdujo sus fórmulas lógicas y sus sistemas legales y cada iglesia se separó de las otras, profesando la "verdadera fe". Por lo tanto hoy, la Iglesia se encuentra dividida en innumerables sectas, cada una de las cuales reclama representar la verdadera fe y denuncia a las otras como "heréticas". El movimiento ecuménico ha intentado superar estas divisiones, para retornar a la unidad de la Iglesia, pero a menos que abandone la búsqueda de fórmulas doctrinales y sistemas legales e intente recobrar la sabiduría intuitiva de la Biblia y del hombre de la antigüedad; existe poca esperanza de éxito.

En este punto, es crucial el encuentro con el pensamiento de Oriente y con su base intuitiva. El Cristianismo no puede crecer hoy como religión, si no abandona el aspecto racional y masculino de la cultura occidental; y reaprende la comprensión intuitiva femenina de Oriente. La supresión de las mujeres en la iglesia es sólo uno de muchos signos de esta dominación masculina. Esto no quiere decir por supuesto, que deban abandonarse los verdaderos aportes de la ciencia, la razón y el pensamiento lógico y sistemático. La razón debe "hacerse una" con la intuición, debe aprender a rendirse a las profundas intuiciones del Espíritu. Estas intuiciones surgen, como hemos visto, por la presencia del Espíritu en las profundidades del alma. Son una expresión de una creciente autoconciencia, de un conocimiento integral, no sólo de la mente o la razón, sino del hombre como totalidad (cuerpo, alma y espíritu). La fe en sí misma es una función, no de la mente racional, sino de la mente intuitiva. No consiste, como ha supuesto habitualmente el hombre occidental, en un asentimiento a las proposiciones lógicas, sino en una comprensión del "misterio" de la verdad como un todo. La mente intuitiva, debemos recordar, no analiza sino que *comprende* la totalidad, o más bien se abre a sí misma al todo, y le permite que tome posesión de su ser. Entonces la fe se abre al misterio de Dios, a la verdad insondable y permite que tome posesión del alma. Entonces para un cristiano, la fe es una apertura al misterio de Dios en Cristo, meditada a través del Mito de Cristo. El mito apela a la imaginación, al corazón y transforma la persona. Más adelante, puede llegar la razón para distinguir los diferentes aspectos del mito y relacionarlos unos con otros, pero siempre se debe retornar al "misterio", a la realidad, que tanto el mito como la razón buscan expresar.

La unión de las iglesias cristianas sólo será posible, entonces, a través de un redescubrimiento del "misterio de Cristo" en todas sus dimensiones, y esto quiere decir que deberá estar relacionada con toda la historia de la humanidad y de la creación. Esto será posible cuando hayamos aprendido a descubrir la presencia de este misterio, es decir, de la Iglesia, en todas las religiones del género humano. Toda religión genuina es testigo de algún aspecto del divino misterio, encarnado en sus mitos y rituales, en sus costumbres y tradiciones, en sus oraciones y experiencias místicas; y cada una tiene algo para aportar a esa Iglesia Universal. La estrechez mental que ha dividido a las iglesias cristianas, también ha separado a la religión cristiana de las otras religiones. Hoy debemos abrirnos a la verdad que existe en todas las religiones. Cada religión deberá aprender a discernir su verdad escencial y a rechazar sus limitaciones culturales e históricas. Esta puede ser una experiencia dolorosa, porque implica un rechazo a innumerables elementos de la religión que han crecido conjuntamente con el desarrollo cultural e histórico de cada religión y que han sido a menudo identificados con la religión misma. No obstante, este parece ser el único camino abierto hoy para la humanidad. Lo que se interpone es la mentalidad dominante del mundo occidental. Esta es una hora de prueba para el hombre occidental. ¿Continuará construyendo su mundo científico utilizando el poder nuclear que nos lleva a la devastación de la tierra, o aprenderá a arrepentirse, a retroceder, a redescubrir la fuente de la vida, la sabiduría de la Madre Tierra que también es la sabiduría de Oriente?

La Iglesia también deberá aprender el secreto de esta sabiduría intuitiva. Aunque el Misterio de Cristo está siempre presente en la Iglesia y es la "secreta presencia" por medio de la cual vive, todas las estructuras doctrinales y sacramentales de la Iglesia son producto de la mente occidental, ya sea que nos refiramos al Catolicismo Romano, a la Ortodoxia Griega, al Anglicanismo, al Luteranismo, al Calvinismo, o a las variadas Iglesias Protestantes de Gran Bretaña y América. Todas por igual, son el resultado del Misterio de Cristo producido por la mente occidental. Ni el Papado, ni el Episcopado, ni cualquier otro sistema de gobierno de la Iglesia, se encuentran en el Nuevo Testamento. Todos son el producto del genio griego y romano, edificados sobre el fundamento del Nuevo Testamento. Jesús no le dio a la Iglesia ningún sistema de gobierno. La fundó sobre doce discípulos que representaban al nuevo Israel, el Nuevo Pueblo de Dios, y de acuerdo con la tradición más antigua, le dio a Pedro, una posición de liderazgo –como la Roca (*Cephas*)–; también le otorgó los ritos sacramentales del Bautismo y la Eucaristía. Pero más allá de esto, dejó todo lo demás librado a la guía del Espíritu Santo, que debía guiar a sus discípulos hacia toda la verdad. Todo lo que ha sido edificado sobre esta base, los sistemas doctrinales, sacramentales y legales, son el producto de la mente occidental, guiada sin duda por el Espíritu Santo de diferente maneras, pero todos por igual, condicionados por las circunstancias históricas.

El hecho de que Roma se haya transformado en la sede del Gobierno cristiano es un hecho accidental en la historia ya que el Obispo de Roma adquirió su actual posición, luego de muchos siglos. Uno puede sostener que esta situación fue providencial, pero no hay razón para creer que la presente estructura del papado sea permanente o que la Iglesia no pueda adoptar una nueva estructura en el contexto de la historia futura.

De la misma forma el episcopado como sistema de gobierno fue establecido gradualmente no hay razón para sostener que la presente estructura, ya sea en su forma Romana, Griega, Anglicana o Luterana, permanezca en el tiempo. Todas las estructuras eclesiales están sujetas a la ley de la evolución histórica.

Lo mismo podemos decir de las estructuras doctrinales, construidas por la mente occidental sobre los fundamentos de la fe de los apóstoles; todas ellas históricamente condicionadas y llevando el sello de las limitaciones de la mente occidental. Estoy convencido de que los pueblos de Asia nunca aceptarán al Cristianismo en su forma presente. Más de cinco siglos y una creciente actividad misionera han demostrado la futilidad de este intento. Para Oriente, el Cristianismo permanece como una religión extranjera, moldeada por la mente occidental.

Deberemos ir más allá de todas estas estructuras históricas y recobrar el Mito del Cristianismo original, la "verdad viviente" que fue revelada en el Nuevo Testamento. Pero esta tarea no puede ser llevada a cabo sólo por la mente occidental. Debemos abrirnos a la revelación del misterio divino, que tuvo lugar en Asia, en el Hinduismo y en el Budismo, en el Taoísmo, en el Confucionismo y en el Shintoismo. Tampoco podemos dejar de lado la sabiduría intuitiva de los pueblos más primitivos: los aborígenes australianos, los isleños de la Polinesia, los Bosquimanos africanos, los indígenas americanos y los esquimales. El Espíritu Supremo ha dejado señales de su presencia por todo el mundo. El Misterio Cristiano es el misterio de la presencia de Dios en el Hombre, y no podemos dejar de lado ninguna manifestación de esa presencia. Aun el ateo y el agnóstico pueden ser testigos de este misterio. El Ateísmo y el Agnostisismo significan el rechazo a ciertas imágenes y conceptos de Dios o de la Verdad, históricamente condicionados y por lo tanto inadecuados. El Ateísmo es un desafío para que la religión purifique sus imágenes y conceptos y se acerque a la verdad del divino misterio.

Debemos tener siempre presente que el Misterio divino, la Verdad última, siempre se encuentra más allá de nuestra concepción. Los grandes Mitos del mundo revelan diferentes aspectos de este misterio, de acuerdo con la introspección imaginativa de los diferentes pueblos del mundo. En Jesús, el Mito tomó una forma histórica particular que fue registrada en el Nuevo Testamento y preservada en la Iglesia. Pero el Mito puede darnos nuevas interpretaciones a medida que la mente humana reflexione sobre él. La mente occidental le ha asignado hasta hoy, una estructura racional y legal determinada. La mente oriental y la mente intuitiva primitiva son capaces de descubrir en el mito nuevas profundidades interpretativas y a su tiempo, la mente occidental, libre de las ataduras del modelo mecanicista del universo, será también capaz de redescubrir el significado del Mito. La construcción de la Iglesia como la manifestación en la historia, de la presencia de Dios en el hombre, es por lo tanto, el trabajo de todo el género humano. El hindú, el budista, el musulmán, el humanista, el filósofo, el científico; todos tienen algo que dar y algo que recibir. El Cristiano, sin importar a qué iglesia pertenezca, no puede reclamar el monopolio de la Verdad. Todos somos peregrinos en búsqueda de la Verdad, de la Realidad, de la realización total. Pero deberemos reconocer que esta Verdad siempre permanecerá más allá de nuestra comprensión. Ninguna ciencia, filosofía o teología podrá jamás abarcar la Verdad. Ninguna poesía o arte o institución humana podrá jamás encarnarla. Los Grandes Mitos son sólo reflejos –en la imaginación humana– de ese Misterio trascendente. El Mito de Cristo aún pertenece al mundo de los signos; deberemos ir más allá del Mito, hasta el Misterio mismo, más allá de la palabra y el pensamiento, más allá de la vida y la muerte. Porque el Misterio último sólo podrá ser conocido cuando atravesemos la muerte. "Ustedes han muerto, –escribió San Pablo– y vuestra vida está escondida con Cristo en Dios; cuando Cristo, que es nuestra vida, aparezca, ustedes también aparecerán con Él en la Gloria."[38]

Jesús dejó a sus discípulos con la expectativa de que Él volvería para el fin del mundo. Esta es la condición bajo la cual vivimos todos. El mundo está hoy más cerca de su autodestrucción que nunca. En el mundo existen fuerzas capaces de destruir toda forma de vida en este planeta y aquellos que controlan esas fuerzas, están ellos mismos fuera de todo control. Puede ser que el mundo occidental cambie, o que por lo menos un número suficiente de personas inicie un cambio, atraviesen una *metanoia*, un cambio de corazón y encaucen al mundo en otra dirección, posibilitando el "matrimonio" entre Oriente y Occidente. Pero esto puede no tener sentido. Nuestro destino no está en este mundo, y debemos estar preparados para ir más allá de la muerte. Debemos morir a este mundo y a todo lo que en él existe, es decir todo lo que cambia y pasa, para encontrar la realidad que no pasa ni cambia. Por sobre

---

38. Colosenses 3,3.

todo, debemos ir más allá de las palabras, de las imágenes y los conceptos. Ninguna visión imaginativa o ningún marco conceptual es adecuado para reflejar la gran realidad. Cuando Cristo aparezca en su gloria, no será en ninguna forma terrenal o manera imaginable. "Porque ahora vemos pálidamente a través de un espejo; pero luego veremos cara a cara"[39] y "sólo apareceremos en la gloria", cuando hayamos muerto a nosotros mismos y nos convirtamos en una "nueva creación"[40]. Es sólo entonces cuando encontraremos la totalidad de la verdad y de la realidad que es, al mismo tiempo, la totalidad de la sabiduría y el conocimiento, de la bendición y el amor absolutos. Es entonces cuando tendrá lugar el "matrimonio" final entre Oriente y Occidente, entre el hombre y la mujer, la materia y la mente, el tiempo y la eternidad.

---

39. 1 Corintios 13,12.
40. Gálatas 6,15.

Índice

Capítulo I. El descubrimiento de la India   3

Capítulo II. La revelación védica   39
   1. El mito védico: la visión cósmica   39
   2. La revelación de los Upanishads: el conocimiento del Ser   51
   3. La Revelación del Dios Personal   69
   4. La Doctrina de la no dualidad   77
   5. El Supremo Secreto   83

Capítulo III. La revelación judía   91
   1. La Mitología del Nuevo Testamento   91
   2. El Mito de la Nueva Creación   101
   3. El Mito del Paraíso Perdido   106
   4. El Mito de la Tierra Prometida   112
   5. El Mito del Éxodo   120
   6. El Mito del Mesías y su Reino   126
   7. El Mito de la Nueva Jerusalem y la Ciudad de Dios   131

**Capítulo IV. La revelación cristiana:
el renacimiento del mito**   139
   1. El Camino de la Sabiduría Intuitiva   139
   2. El Mito de Cristo   159
   3. El Mito de la Iglesia   177

www.ingramcontent.com/pod-product-compliance
Lightning Source LLC
LaVergne TN
LVHW021818060526
838201LV00058B/3431